ソーシャルスタイル理論でわかった!

10万人のデータから導き出した

上司へのすごい伝え方

斉藤由美子

はじめに

入社数か月の長男が、眠れなくなるほど悩んだ「上司との関係」

私には2人の息子がいます。彼らが中学生のときにひとり親の選択をして、3人で生活をしてきました。その長男は社会人5年目、次男は社会人3年目になりました。

本書は、長男との会話が大きなきっかけとなり、執筆することになりました。長男は上司との関係に悩んでおり、その精神的な変化を感じたことで、同じように悩む若手会社員のみなさんに何かできないかと思ったのです。

へこたれない、自立している、誰にでもフランクなコミュニケーションがとれる、気が優しい、じっくり物事を進める理系男子。そんな性格・特徴を持つ長男が、入社数か月で帰京してきた際のこと。「眠れない、夢に上司が出てくるんだ」とうなされているではありませんか。何が起きたんだ……。

すぐさま私は息子に伝えました。

「毎日寝られないようであれば、会社より身体を優先させていいから、会社は辞めていいから帰ってきなさい」

幸いにして、それから数か月後、長男は営業として外回りをするようになり、上司とのコミュニケーションにも慣れてきた様子で、安心できる状態になっていました。

とはいえ、入社から半年間は悩み続け、耐えてきたわけです。息子もその上司も、なんともったいない時間をお互い過ごしたことかと思いませんか？　若手が上司とのコミュニケーションをスムーズにとることができ、自立的に仕事を進めていくことができれば、本人も上司もラクになりますし、もっと会社の業績に貢献できるはずです。

上司の側も若手とのコミュニケーションに悩んでいる

私自身も会社員時代は20年の間、管理職としてメンバー指導、育成を担ってきました。世代ギャップからくるコミュニケーションのとり方の違いは、近年において顕著になり、上司の側も若手を理解することに時間も気持ちも費やしていると想像できます。ＳＮＳ時代になり、言葉も少ない若手。ＬＩＮＥなどがコミュニケーションツールの中心となり、ビジネスとプライベートの会話の境目が難しい中、コミュニケーションをとることに悩みを抱えている上司が多いのではないでしょうか？

さらには、新型コロナウイルスの流行に伴い、テレワークや時短勤務などを取り入れる企業が増えたことによって、皆がコミュニケーションスタイルの変化に対応していく必要に迫られています。

上司自身がこれまで育ち、成功してきた事例は、若手に対しては通用しなくなってきているのです。

ビジネスパーソンとして生きる以上、コミュニケーション力は必要不可欠

一方で、若手社員たちの声に耳を傾けてみると、会社に入ってから周囲の人間関係、とりわけ上司との関係性に不安を感じたり、悩んでいたりする人が多いのも現状です。組織の中でどうふるまって上のポジションにのし上がっていくかよりも、個の力を高めてどこへ行っても通用するビジネスパーソンになることに価値があると考えながらも、目の前の課題としては、組織内での人間関係が大きなハードルになっている。このハードルを下げることができれば、個の力を高めることに集中できるはずです。

とはいっても、ビジネス社会で求められている個の力とは、いったい何でしょうか？発想力や企画力、リーダーシップや業務の推進力、それぞれの仕事に役立つスキル、さまざまあると思いますが、どんな仕事にも共通して必要な要素と言えるのが、コミュニケーション力です。

世の中には、自分ひとりで完結できる仕事はほとんど存在しません。誰かと関わって、

役割を分担しながら進める仕事がほとんどです。ですから、ビジネスパーソンとして生きる以上、コミュニケーション力というのは基本的な力として持っておかなくてはならない力です。

さらに、コミュニケーション力が高ければ、どんな組織に入ってもスムーズに仕事ができるだけでなく、その力を発揮することで活躍の場を与えられたり、期待以上の成果を上げることができたりもします。

逆に、コミュニケーション力がない状態で、組織の中で個性を出そうとしたり、自分のペースで物事を進めようとしたりしても、上司から認めてもらったり、周囲の人についてきてもらうことはできません。活躍するには、コミュニケーション力はどうしても必要な力なのです。

リクルートでも神奈川県庁でも、みんな人間関係に悩んでいる

私は1982年に株式会社リクルートに入社して人事教育事業部に配属されて以来、

2010年に退社するまで、ずっと人材育成やキャリアカウンセリングに関わってきました。独立してからも神奈川県庁の人材課職員キャリア開発支援グループで人材教育に携わる他、大手保険会社、自動車会社、不動産会社など、さまざまな企業でキャリア支援の仕事を担ってきました。キャリアコンサルタントとして15年、人材育成やキャリア支援に関わってきて、多くの社員たちの声を聞いてきた中で、やはりよく出てくる課題が「人間関係」でした。

現代社会では、昔のように上司と部下の上下関係がそれほど厳しいものではなくなっていますし、組織の中で派閥争いが起こることもめったにありません。それでも、「組織に適応する」ことに難しさを感じる若手社員は多く存在しています。そもそも今の時代、組織に適応しようと頑張る必要はないのではないか、仕事さえできればいいのではないか、と不満を持つ若手社員もいます。

しかし、先ほども述べたように、コミュニケーション力はビジネスパーソンにとって必要不可欠な力です。ビジネスの場面だけでなく、人と人とが関わり合いながら生きている社会において、協調性というものをある程度持っておかないと、生きていくことすら難しくなってきてしまいます。

コミュニケーションは才能ではなく、後からいくらでも身につけられるスキル

コミュニケーション力、協調する力が少し足りないことで、組織に適応することに困難を感じ、そのことで評価が落ちてしまう。これにストレスを溜めてしまったり、「自分はダメなのかも」と自己否定的になってしまったりする若手も多くいますが、これはもったいないことです。

なぜなら、コミュニケーション力というのは、その人が生まれ持った能力ではなく、後からいくらでも身につけられる力だからです。

「人とうまく関われない」と思う人は、コミュニケーションをその人が生まれ持った能力であると考えている場合が大半です。ですが、コミュニケーションはただのスキルに過ぎません。獲得して磨いていけば上達する、スキルです。

コミュニケーション力を身につけて、磨いていくことができれば、みなさんはどのよ

うな組織に行っても、さまざまな人と関わりながら仕事で成果を出していくことができます。個人で独立するにしても、さまざまな人の協力を得ることができるようになります。

リクルートグループでも活用している「ソーシャルスタイル」

そして、コミュニケーション力を身につけるというのは、みなさんが思っているほど難しいことではありません。

学校の勉強では、やみくもに難しい問題にトライしようとしてもなかなか解けませんが、問題のパターンとその解き方を理解すれば、容易に解けるようになっていきます。コミュニケーションもこれと同じです。世の中にはさまざまな人がいますが、それをパターン化し、対応策を頭に入れておけば、簡単に良好な関係性を築いていくことができるのです。

私が長年所属していたリクルートグループでは、このパターン化されたコミュニケーションのしかたの特徴である「ソーシャルスタイル」を研修で学び、日常のマネジメント場面や営業場面、対人対応のさまざまな場面で活用してきました。ソーシャルスタイルを共通言語とし理解すると、誰とでも関係構築ができ、会話のすり合わせが早くなります。仕事の効率化にも貢献し、もちろん上司がメンバーを育成する際にも活用できます。

人をタイプごとに分けて考えれば、コミュニケーションはグンとラクになる

そこで本書では、私がこれまでビジネスシーンで使ってきた「コミュニケーションをラクにするソーシャルスタイルの使い方」を、具体的に実践に役立つようにお伝えしていきます。

ポイントとなるのは「人をタイプごとに分けて考える」ということです。人間は千差万別ではありますが、大きくタイプ分けして相手をとらえることで、どのように対応したらいいのか方向性が見えてきます。

第1章ではビジネスにおける基本的なコミュニケーションの考え方を、第2章ではソーシャルスタイルの概念と上司のタイプの見分け方を、第3章ではみなさんご自身のタイプを踏まえた上司との接し方を、第4章ではより具体的なシーンを想定した実践例をお伝えします。章を追うごとに話が具体的になっていきますので、ぜひ順番に理解していっていただければと思います。

苦手な人をなくして、自分らしく働くために

多くの若手が悩む上司との人間関係が良好になれば、私の息子のように、ちょっとした上司のひと言に傷ついたり憂鬱になったりすることなく、仕事に集中することができるようになっていきます。

組織での適応力を上げて、今後どんな組織に所属することになろうとも自分のポジションをしっかり確保し、仕事で成果を上げていく。個の時代といえども、コミュニケーション力はみなさんのこれからのビジネス人生において、自分の武器となる大切な力で

す。

みなさんには、コミュニケーションをあまり難しく考えず、まずは「苦手な人をなくしていく」ために少しずつ気持ちを変えていくところから始めていただければと思います。

みなさんがもっともっと自分らしく働くことができますように、今日からすぐに使えるメソッドをお伝えしていきましょう。

斉藤由美子

2021年4月

第1章 会社でコミュニケーションが大切なホントの理由

第2章 上司のタイプがわかれば仕事は9割うまくいく！

第3章 自分のタイプがわかれば人間関係がもっとラクになる！

第4章 シチュエーション別！ どんな上司にも合わせる技術

第1章

会社でコミュニケーションが大切なホントの理由

1 学生時代のものとは大きく異なる「会社でのコミュニケーション」

うまく人間関係をつくれないのは、ムリもない

みなさんは、職場でうまく人間関係をつくれているでしょうか？

上司と合わずに悩んでいる人や、上司に思ったように評価してもらえず不満を抱いている人も、多いのではないでしょうか。

私の息子も、就職してまもなく、上司との人間関係に悩みを持ち、夜もうなされるという経験をしていました。彼と同じように、上司への日常的な報告や、意見を伝えるとき、どう接したらいいのかわからず戸惑っている新入社員や、上司のちょっとしたひと

言をどうとらえていいかわからず憂鬱になったり、悩んでしまったりしている若手社員も、少なくないのではないでしょうか。

でも、ムリもありませんよね。会社でのコミュニケーションは、学生時代までのコミュニケーションとは大きく異なりますし、若手のみなさんが使い慣れているSNSでのやりとりとも違います。組織の中で、自分や相手のポジションに応じて人との接し方を工夫していくなんていうことは、まだまだ経験を積めているわけでもありませんから。

まずはビジネス社会におけるコミュニケーションの意味を確認しよう

かといって「まだ慣れていないんだからしょうがない」と諦めてしまったら、不満や悩み、苦痛から解放されることはありません。もし今、そのマイナスな状態から解放されたら、もっとスムーズに仕事をこなして、たくさんのことを吸収して、時間をムダにせずにビジネスパーソンとして成長していくことができるはずです。

「そんなのわかっているけど、どうしたらいいかわからないんだよ！」というみなさん。実は、「これを知っているだけで、すぐにコミュニケーションがラクになる」ヒミツ道具があるのです。

本書ではそのヒミツ道具の使い方を説明していきますが、第1章ではそれを使う前提として、今一度「コミュニケーションってどうして大切なの？」ということを確認しておきましょう。まずは、ビジネス社会におけるコミュニケーションとはどういうものかをきちんと認識しておくことで、ヒミツ道具を有効に使うための姿勢をつくっておいてほしいのです。

学生時代までの他人との関わりや、友人や家族と接するときとはまた別の、ビジネスパーソンとしてのコミュニケーションとは何か？

どうぞ読み進めてみてください。

2 上司と部下は、どうしてすれ違ってしまう？

上司との人間関係に悩んでいるのは、あなただけじゃない！

みなさんの中には、職場の人間関係に悩んで、「こんなの自分だけかな？」と思ってしまっている人もいるかもしれません。でも、安心してください。実際に、仕事に関わる悩みとして「人間関係」を挙げるビジネスマンは少なくありません。

チューリッヒ生命が20～50代の１０００人に調査をした「２０２０年ビジネスパーソンが抱えるストレスに関する調査」では、「勤務先においてストレスを感じる一番の要因」を尋ねたところ、次のような結果が出ていました。

・収入（経済面）……22・4％
・仕事の内容……21・4％
・上司との人間関係……14・6％
・上司・部下以外の社内の人間関係……14・4％
・取引先等の社外の人間関係…5・0％

これを見てみると、仕事での悩みは、大きく収入、仕事内容、人間関係に分かれていることがうかがえます。そして、人間関係の中でも、上司との関係に悩む人がもっとも多い結果となっています。

総合転職支援サービス「エン転職」が2020年に公表した「『転職先の人間関係』実態調査」でも、同サービスの利用者1万1028人への調査で「転職をする際、新しい職場での人間関係に不安がある」と答えた人が88％に上っています。その中でも、「直属の上司」との関係に不安を感じている人は79％です。

上司の立場を理解しないと行き違いが生じる

上司との人間関係がうまくいくかどうかは、職場でストレスを抱えず、自分のパフォーマンスを高めるためにとても重要な要素となってきます。しかし、ここで悩んでしまう人が多いのが現実。いったい、どうしてなのでしょうか。

ひとつには、職場において「上司と部下」という異なる立場がコミュニケーションを難しくしているということが挙げられます。上司はチームを率いる存在であり、上司の言動の目的はチームでの業績を上げることです。この上司の立場を理解せずにコミュニケーションをとろうとしてしまうと、行き違いが生じてしまうことが多々あるのです。

「上司」とひとくくりにせずタイプを見極めよう

また、もうひとつは、どんな上司にも同じようにコミュニケーションをとろうとしてしまうために、評価してもらえないケースが出てきてしまうということです。

上司と言っても、人間ですからタイプはさまざま。どの人も同じような価値観で部下を評価するわけではありません。そのタイプを見極めずに、ただ「上司」とひとくくりにしてコミュニケーションをとってしまうと、人によっては「仕事ができない部下」と思われてしまうこともあるのです。

まずは、上司とコミュニケーションをとるときに難しさを感じてしまうのは、このような2つの要因があるということを知っておいてください。

3 世代によって「理想の上司像」は違う

あなたが上司に期待することは何ですか？

さらにもうひとつ、上司とのコミュニケーションにおいてみなさんがモヤモヤしたものを感じてしまう理由を挙げておきます。それは、世代によって「上司に期待すること」が異なるということです。

今度は、株式会社リクルートマネジメントソリューションズが２０２０年3月に研修受講者１６０名に実施した「あなたが上司に期待することは何ですか」というアンケートの結果を見てください。

「あなたが上司に期待することは何ですか」アンケート回答

	2020年	2015年	2010年
相手の意見や考え方に耳を傾けること	53.7%	48.1%	44.0%
一人ひとりに対して丁寧に指導すること	46.9%	36.1%	32.0%
好き嫌いで判断をしないこと	37.7%	29.0%	34.0%
よいこと・よい仕事を褒めること	34.0%	20.1%	21.0%
職場の人間関係に気を配ること	29.7%	25.7%	24.0%
仕事に情熱を持って取り組むこと	25.1%	30.0%	32.0%
言うべきことは言い、厳しく指導すること	18.3%	35.8%	37.0%
周囲を引っ張るリーダーシップ	13.7%	22.8%	30.0%
仕事がバリバリできること	10.0%	13.0%	11.0%
ルール・マナーを守り、清廉潔白であること	7.1%	10.9%	9.0%
部下に仕事を任せること	3.4%	6.0%	6.0%

これをよく見ると、相手の話に耳を傾けたり、丁寧に接したり、褒めたり、気配りしてほしいといった部下から上司への期待は、年々高まってきているのがわかります。一方で、厳しい指導やリーダーシップといった、いわゆる「仕事のデキる上司像」への期待はこの10年で低くなっています。

今、多くの若手社員は「部下に対して丁寧に、優しく接してくれる上司」がいい上司だと思っているわけですね。ところが、10年、20年、さらにもっと上の世代の上司たちにとっては、「いい上司」とは厳しい指導で強いリーダーシップを発揮し、仕事を前に進めていく上司だということになっている可能性があります。

理想の違いが上司と部下のコミュニケーションを難しくしている

つまり「上司とはこうあるべき」「こういう上司が理想」というイメージが、世代によって異なることが、上司と部下とのコミュニケーションをさらに難しくさせていると考えられるのです。

上司は部下やチームのために頑張って指導したり、リーダーシップを発揮したりしているけれど、それが若手の部下たちにとっては「全然自分たちのことを見てくれていない！」「私たちの気持ちを考えてくれていない！」と感じられることも出てきてしまう、ということです。

逆に、部下が「もっと自分のことをよく見て、頑張ったことを評価してほしい」と思っていても、上司がそうした若手たちのニーズに気づけていないということもあります。

「上司が悪い」とは一概に言えない

コミュニケーションにおける世代間ギャップは、日常的にみなさんも感じたことがあると思います。おじいちゃんやおばあちゃんと仲がよくても、友達のように自然に価値観を共有して何でも話せるわけではないでしょうし、話をしている中で「昔の人はそういう価値観だったんだなぁ」と違いを感じることも多いでしょう。

職場でも、これは同じです。こうした価値観の移り代わりによって、世代間のコミュニケーションはさらに複雑になってきてしまうわけです。

そして、柔軟に若い人の価値観に合わせられない上司が悪い、とは一概に言えません。みなさんが社会の中でいろいろな出会いや経験を経てひとつずつ物事を学んでいくように、上司も若い人たちの価値観や感覚は、みなさんと接することで学んでいくしかないからです。

でも、ただ「価値観が違うから」で両者の間にある溝をそのままにして、コミュニケーションを避けてしまうのはもったいない！　仕事を前に進め、みなさん自身が成長するためにも、コミュニケーションは欠かせないものです。ですから、少しでも気楽に、スムーズにできる方法を身につけていきましょう。

4 「合わせる」力が人間関係を変えていく

コミュニケーション力は万人に必要な力

昨今では日本も、ビジネスにおいては欧米のように実力主義、成果主義が取り入れられてきています。同時に、人の顔色をうかがったり、みんなと同じように行動したりすることを「仕事ができない日本人の典型的な傾向」と考える風潮も出てきています。その中で、みなさんは、「他人に合わせる」ということをどのようにとらえているでしょうか。

「他人に合わせる必要などない。自分は自分らしくありたい！」……そう考える人もいるかもしれません。

しかし、コミュニケーション力はビジネスパーソンにとっては欠かせない基礎的な能力です。そして、円滑なコミュニケーションのためには、「他人に合わせる」ということも重要な要素となります。「他人に合わせる」と表現するとネガティブにとらえる人も増えてきていますが、他人の都合や状況を無視して自分本位で仕事を進めたり、他人が何を求めているかを踏まえずにビジネスを行ったりしても、うまくはいきません。

「自分らしくいること」と「他人に合わせること」は別物

ただもちろん、「ムリして他人に合わせる必要はない」というのはその通りです。合わせる必要のないところで合わせようとしすぎてストレスを溜め、心身を病む必要はありません。

一方で、「他人に合わせない」ことを意識しすぎるがために、仕事が滞って評価が落ちてしまったり、成果が出せずに苦しい思いをしてしまったりするのであれば、それは本末転倒です。

「自分は自分らしくありたい」という気持ちもわかります。ビジネス界でのし上がっていくには、他にはない個性を持っていること、オリジナリティを発揮することは今後ますます重要になっていきます。

でも、独自のアイデアで何かを成し遂げようとするときに、周りで支えてくれる人、一緒に動いてくれる人は必ず必要です。だから、自分は自分らしくいるということと、他人に合わせながらコミュニケーションをとるということは、別物として考えておいてほしいのです。

もしも今、職場にいる上司や周囲の人たちとの人間関係に悩んでいたり、考え方や仕事のやり方の違いで評価されずつらい思いをしていたりするなら、「合わせる」という力を今一度磨き直してみるとよいかもしれません。

本音はどうであれ、合わせるテクニックを駆使すればいい

と言っても、ここで言う「他人に合わせる」というのは、自分の本心や信念を他人と同一にしてくださいということではありません。あくまでも、仕事を前に進め、自分を正当に評価してもらうためのテクニックとして、合わせる力を身につけてくださいと言っているのです。

みなさんが会社などの組織に所属したときになすべきことは、仕事を前に進めることです。ですからもし、仕事を前に進める上で人間関係での摩擦が邪魔をするのであれば、それは取り除いておきたいですよね。そして、人間関係での摩擦を減らすためには、他人に合わせるためのテクニックを身につけておくことが、もっとも効率的な方法なのです。

組織の中に苦手な人がいると、その苦手意識が仕事を進めることを邪魔してしまうことがあります。でも、どんなタイプの人にでも合わせる力を持っていれば、「一緒のク

ラスだったら絶対友達にならないわ〜」と思うような相手とでも円滑にコミュニケーションがとれ、仕事を前に進めることができます。本音はどうであれ、合わせるテクニックを駆使すればいいのです。

合わせる力さえ身につけていれば、相手から反感を買ったり、仕事とは関係のない部分で評価を落としたりすることはなくなります。人間関係でぎくしゃくすることがなくなって、もっとラクに仕事を進めることができるようになりますよ。

5 コミュニケーションの要素とは？

「聞く力」「伝える力」「認知する力」の3つで成り立つ

ビジネスパーソンにとって、コミュニケーション力は一生ものの能力として使えるものです。では、コミュニケーション力とはいったいどんなものなのでしょうか？　具体的にお伝えしていきましょう。

コミュニケーション力は大きく、「聞く力」「伝える力」「認知する力」の3つで成り立っています。

①聞く力

「聞く力」には、単に相手が話すことに耳を傾け、情報を的確に受け取るということだけでなく、そこからさらに深掘りして質問、問いかけをすることまで含まれます。質問によって、さらに情報を細かく入手したり、情報が持つ意味を理解したりすることが「聞く力」です。

②伝える力

「伝える力」とは、自分の意見や考えを相手に的確に伝えるということです。ビジネスにおいて目的・目標を達成するためには、情報をいかに的確に伝えるかというのは非常に重要です。伝えるべきことを誤解のないようわかりやすくロジカルに伝えられる力が、「伝える力」です。

③認知する力

「認知する力」とは、相手の存在そのものを認めること、また、相手の変化や相手の行動による結果を認めることを指します。

相手の存在を認めるというのは、挨拶をするといった日頃の小さなことを含め、相手を尊重して大切に扱うという意味合いです。それに加えて、相手の成長や「最近元気がない」といった変化に気づき、その変化を相手に伝えることや、仕事など行動した結果を評価することが、「認知する力」となります。

コミュニケーションにはこの3つの力が必要となり、これらの能力が高ければ仕事を的確かつスムーズにこなしたり、人間関係を良好に保ったりすることができます。

小学生にもわかりやすく説明ができるか

また別の見方ではコミュニケーションは「バーバル」と「ノンバーバル」に分けることもできます。バーバルコミュニケーションは言語を使うもので、ノンバーバルコミュニケーションは言語を使わず、ジェスチャーや表情、声のトーンなどで情報を伝えるものです。

さらに、ビジネスシーンにおいては、このバーバル・ノンバーバルコミュニケーションを駆使して伝えるだけでなく、語彙力も非常に重要です。ビジネスの場にふさわしい言葉づかいや、相手に簡潔に情報を伝えられる言葉選びができるかどうか、ということです。これは難しい言葉を使えばいいということではなく、中学生や高校生でも理解できるように話せるかどうかがポイントです。

私がリクルートにいた頃、プレゼンテーションの場でよく言われていたのは、「仕事ができる人は、難しい用語を小学生にもわかりやすく説明ができる」ということでした。多くの人は、大学生や社会人になってから覚えたような、ビジネス用語や業界の専門用語をプロっぽく使いたがるものです。ひとつの業界に入ってしまうと、自分たちだけの共通言語を、他者に伝わるかどうかを考えずに使ってしまう人もいます。

ですが、コミュニケーションスキルの高い人は、そうした用語を簡単に言い換え、誰にでもわかるように伝えることができます。

これからの仕事は多くがＡＩに取って代わられるとも言われていますが、ＡＩに代わりにくい力がこのコミュニケーション力です。ですから、ビジネスパーソンとして実力が出せるかどうかは、コミュニケーション力の高さに大きくかかってくることになるでしょう。

6 ビジネスシーンで起こりがちな コミュニケーションミスの防ぎ方

事実情報と感情情報を分けて受け取る

ビジネスにおいては、コミュニケーション力が欠けていると、さまざまな支障が生じてしまいます。

コミュニケーション力のひとつとして、相手の話を「聞く」場面では、事実情報と感情情報を聞き分けることも大切です。この2つを混同してしまうと、事実情報を誤認してしまうことが起きるからです。

たとえば、上司に何か尋ねようとしたときに、「今忙しいから」と少し強めの口調で言われてしまったという経験のある人も、多いのではないでしょうか。

上司がパソコンに向かって真剣な顔をしているときに「今いいですか？」と急に声をかけても、仕事に集中している上司はパッと頭を切り替えられないこともあります。また、何を聞きたいのかがわからないような質問のしかたをしてしまうと、「時間をとられるだけ」だと思われてしまうこともあります。このような理由で、「今忙しいから」と言われてしまうことは、よくあることです。

このときに、感情情報のみを強く受け取ってしまい、「質問すること自体がダメなのかも」と判断してしまう。こうなると、本当は聞かなくてはならないことを聞きそびれてしまうこともあります。この場合は、また別のタイミングに聞くべきであるという事実情報を、上司の口調から得られる感情情報とは分けて受け取ることが必要です。

相手が発する情報を事実と感情に分け、事実情報をしっかり拾って問題解決や目的の遂行などに使うと同時に、別物として感情を聞き分けて共感し、相手との関係性を良好なものに保つ。これができれば、ビジネスを円滑に進めることができます。

「伝える」から「伝わっているか」を意識する

また、伝える力が欠ける場合には、相手に自分の思ったような結果を出してもらえないということが起こります。たとえば、「急ぎの要件として上司に伝えていたはずなのに、まだ確認をしてもらえていなかった」といったように、「伝えたつもり」になってしまったことで結果的に仕事が遅れてしまうことはよくあります。正しい期日や目的をきちんと伝える力がないと、仕事の進捗を妨げることにつながってしまうのです。

最近では、メールやＳＮＳなどインターネットを使ったコミュニケーションが発達したことで、メッセージを送信しただけで伝えたつもりになってしまうということもよく起こっています。書いて送信して終わりになってしまうことで、「送った」ＶＳ「届いていない」とか、「早く読んでほしかった」ＶＳ「それならそう伝えてよ」といった行き違いが、多々起こっているのです。

思ったようなリアクションが返ってこなくても、「自分は送ったから」と何もせずに待ってしまう。このようなことは、仕事にどんどん遅れを生じさせてしまいます。ただ一方通行的に「伝える」のではなく、相手の反応をよく見て「伝わっているか」を意識するということも、「伝える力」の重要な要素となるのです。

メールならば、返信が必要な場合は「いつまでに返信をください」と書いたり、タイトルに「要返信」などの文言をつけたりする。返信が来なければ「午前中にメールをお送りしたのですが、見ていただけましたか？」などとプッシュする。このように相手の反応を考えながらコミュニケーションがとれると、行き違いが少なくなるだけでなく、「丁寧な人」という好印象を持ってもらうこともできます。

ビジネスにおいては、コミュニケーションに少しの行き違いがあっただけで結果に大きく響いていきます。ですから、コミュニケーション力はビジネスパーソンにとって基本的に備えておかなくてはならない力とされているのです。

7 自己主張のしすぎには要注意！

自分の意見や価値観を大切にして仕事する時代になった

今の「個の時代」では、自己主張をすることに価値が大きく置かれるようになってきています。働くということが、高度成長期時代から続いた「会社に属する＝就社」という流れから「職に就く＝就職」という流れに代わり、会社に対するプライオリティが低くなっているのが現代です。

ひとつの会社に勤め上げる、会社と心中するという表現も今は古いものとなり、キャリアを考える上でも「どの会社にいたか」よりも自分が何を成し遂げたかが重視されています。何もしないでただ会社に属すのではなく、個人個人がプロフェッショナルとして何ができるのかを考えることが大切になってきているのです。

ざっくり言うと、「会社にしがみついて言われたことだけをやるのはダサい！」「自分ならではのアイデアや行動で価値を生み出して、お金を稼ぐのがカッコいい！」ということですね。

自分の意見や価値観を大切にして仕事をしたり、キャリアを形成したりすることは、プロフェッショナルとして働くには重要なことです。

「個の時代」でもチームで動くことを考えるのは大切

しかし、組織の中では、自己主張をすることがマイナスに働くこともあります。場合によってはその自己主張が全体の仕事の遅れにつながってしまうこともあるのです。上司といつも意見が対立して、「逆らってばかりいるよね」と思われると損をしてしまうだけではなく、組織で仕事を前に進めることができなくなってしまいます。

そして、仕事というのは往々にして組織で動かすもの。尖ったアイデアや価値観で、ひとりだけで動いて大きな価値を生み出せるというのは、めったにないことです。フリーランスで働いている方々も、ひとりで動いているように見えて、いろいろな会社の人たちと関わりながら仕事をしていることがほとんどです。

組織の中で行われる仕事にはもちろん、ひとりで完結できるものはほとんどなく、多くはチームで動かす仕事となります。そして、上司は、チームを率いてひとつの方向に向かって物事を進めていくという役割を担っています。自分自身や各メンバーの個々の意見を実現することよりも、チームに目を向けて仕事をするのが、上司の役割です。

その中で、自己主張ばかりする人たちがチームにいると、上司は目指すべきところに向かって仕事を進めることができず、業績も上げることができなくなります。いくら「個の時代」と言っても、組織にいる以上は、チームで動くということを考えなくてはならないのです。

自己主張は場面に応じて戦略的に行うべき

もちろん、自己主張をすることは悪いことではありませんし、イエスマンになれというわけでもありません。そうではなく、野球のピッチャーがカーブやストレートを使い分けるように、自己主張も場面に応じて戦略的に行うべきだということです。

自己主張が激しい人というのは、「自分が正しい」と思い込みがちな傾向もあります。しかし、自分の目線では正しいと思っていても、チームを束ねる側から見たら正しくないことも、組織の中では多々あるのです。そして、自分よがりな自己主張ばかり繰り返してしまうと、組織の力を落としてしまいます。

逆に、組織で行う仕事をスムーズに動かすため、よりよい業績を出すためといった、全体を見た上で目的をきちんと持った自己主張ができる人は、きっと組織でも重宝されていくはずです。それも、物事を進める上で適切なタイミングで主張ができる人は、本当に貴重な人材です。

8 「上司に合わせて気持ちよくＹＥＳを引き出す」のが勝ち組になれるコツ

自己主張すべきときか、上司の意見に合わせるべきかを見極める

組織では協調性が求められますから、自分だけの意見を通そうとすると、仕事が滞るだけでなく、上司や周囲からの評価も落ちてしまいます。

一方で、チームを率いる立場の上司が何を求めているかを理解し、それに合わせて動くことができれば、仕事も順調に進めることができますし、上司からの評価も上がります。

もし、自分の意見を通したい、上司からのＹＥＳを引き出したいときには、上司の立

場やタイプを考えて、伝え方やタイミングを工夫することが大切です。タイプについては第2章以降で解説していきますが、上司がチームのために今「多様な意見を求めている」のか、「意見をひとつにまとめたい」のかをまず見ること。それから、今チームで進めている仕事が「違う角度から見直すべき時期」なのか、「スピーディーに進めなくてはいけない時期」なのかも、見てください。

仕事の状況をよく見て、自己主張すべきときにはして、上司の意見に合わせるべきときには合わせることができれば、上司や組織に重宝され、次第に自分の意見が通りやすいポジションに就くことができます。

タイミングをうまく判断している人は、上司の状況をよく見ている

また、日常の小さなコミュニケーションの中でも、仕事のできる若手は上司がそのとき置かれている状況をよく見て、「今言うべきか」「明日にするべきか」をうまく判断しています。

上司にも、仕事量が多かったり、難しい案件に取り組んだりしていて余裕がないときはあります。そういうときに意見を出しても、通る可能性は低くなりますので、状況をよくわきまえることも大切です。

タイミングをうまく判断している人は、普段から上司の仕事の状況をよく見ています。スケジュールを覗いたり、仕事場面での会話を聞いたりすることで、重要な顧客とのアポイント直前や、社内会議などのために資料作成をしているときなど、「今、上司は何をやっているか」を把握しているのです。これによって、いつなら時間をとってもらえそうかを判断しているというわけです。

上司にも自分の仕事に集中したいときがありますので、その配慮ができるかどうかも、仕事を早く進めるためには必要なことですね。

上司も、人間です。部下からすると「上司は何でもできて当たり前」という概念があり、「何でもできるから給料が高く、いいポジションに就けているのだ」と考えてしまいます。「あの人は仕事ができないのに、どうして……」と上司に不満を抱く人もいます。

しかし、チームを束ねる役割を担う上司は、若手社員たちと同じ目線で物事を考えているわけではありませんし、同じ仕事を課せられているわけでもありません。上司には上司なりの苦悩や葛藤がある中で、自分の立場から努力をしている。そのことを理解しておきましょう。

他人に合わせてYESを引き出す力はリーダーになってからも大切

加えて、リーダーにおいても、自己主張のしかたによって結果が大きく変わることがあります。同じＩＴ系の企業で、向いている方向は同じでも、楽天の三木谷浩史さんやソフトバンクの孫正義さんのように事業を大きく発展させて企業規模を拡大させられる人もいれば、しばしば人とぶつかってしまい組織を拡大するには向いていないリーダーもいます。

やっていることは似ていたり、同じ方向性だったりしても、他人や社会に合わせる、共感を得られるというコミュニケーション力があるかないかで、結果が変わってくるのです。

ですから、いずれリーダーになる素質を磨くにしても、若手のうちから他人にうまく合わせ、自己主張をすべきときにして、ＹＥＳを引き出すという経験を積んでおくことが重要となるわけです。

9 仕事人は、考えるより行動が求められる

上司から話しかけてもらうのを待っていてはダメ

上司部下のコミュニケーションにおいては、部下が「上司から話しかけてもらうのを待つ」ということがよく見られます。

しかし、上司に対して受け身のコミュニケーションばかりとっていては、組織の中でいいポジションをとっていくことはできません。仕事ができる人、活躍の場が与えられる人になるためには、目立つことも重要です。

ビジネス社会で人々は、行動をとることで価値を生み出しています。考えているだけ

では、何もしていないのと同じなのです。ひとりで勉強をしているだけでも、何もしていないのと同じです。実際に行動に移して、結果を出すことでしか、評価を得ることはできません。

ビジネスパーソンとして成長したいのであれば、まず行動！　その中で、スキルは後から身についてきます。受け身でいると、「言われたことしかできない人」になってしまいます。言われたことしかできないならまだしも、少しミスをすれば「言われたことすらできない人」になってしまいます。

頼まれごとは試されごと

よく「頼まれごとは試されごと」と言われますが、上司は部下に何かを頼んだときに、1を言って1を返してくるのか、1を言って10を返してくるのかを見ています。ここで、常に受け身の人の場合は1しか返すことができませんが、積極的行動ができる人は10を返すことができます。言われたことをやっているだけでは、ずっと1しか返せないままで、成長もできません。

上司とも積極的にコミュニケーションをとって、相手をわかろうとしていれば、上司が言った1に対して、その目的は何なのか、どういう成果を望まれているのかが理解できるようになっていくはずです。それが、みなさんの行動につながり、社内での価値を高めることにつながっていきます。

会社組織は学校のように教えてもらったことを自分で勉強して理解すればいい場所ではなく、自分から行動をして成果を生み出さないといけない場所です。会社組織の中で成果を生み出していくことで、ビジネスパーソンとして成長し、キャリアが積み上がっていくのです。

今いる組織内で成果を出さなければ転職してもキャリアアップできない

今はひとつの会社で働き続けるのではなく、自分の価値を高めて転職をしながらキャリアアップしていく人が増えてきています。しかし、まずは今いる場所で社内価値を高めていなければ、別のところへ行っても成果を生み出せる人間に成長していることはありません。行動して成果を出し、社内価値が高まってやっと、他の会社でも通用するようになっていくのです。

日本では、転職が当たり前になってきてはいても、まだ「今いる会社でうまくいかないから別のところに行く」という転職者が多い状況です。しかしそれではキャリアアップにはつながりませんし、どこへ行ってもまた同じように成果を出せずに終わってしまうことが大半です。そうではなく、まずは今いる組織内で成果を出すこと。そのために、受け身ではなく自分から行動することが必要なのです。

コミュニケーション力というビジネスパーソンにとってもっとも基礎的で普遍的な能力においても、受け身になるのではなく、ぜひ積極的な姿勢で行動しながら身につけていってくださいね。

10 ４つのソーシャルスタイルによって対応を切り替える

どんな人とでもコミュニケーションがとれるヒミツ道具

職場における人間関係は大切なものですが、就職や転職で「職場にどんな人がいるか」を重視して入社を決めてしまうのはおすすめできません。というのも、たとえ人当たりがよく仕事のできるリーダーがいたとしても、その人が辞めてしまえば職場の雰囲気はがらりと変わってしまうからです。

そして、「どんな人がいるか」という永遠に続くわけではない条件に左右されないためには、どんな人がいたとしてもコミュニケーションがとれる力を身につけておけばよいのです。そうすれば、仕事の内容そのものや会社のビジョンを中心に選択し、自分の活躍の場をつくることができていきます。

どんな仕事を選び、どんな成果を出すかに集中するためには、コミュニケーション力が必要です。そのコミュニケーション力がみるみる上がるヒミツ道具が、「ソーシャルスタイル」です。

アメリカの心理学者が提唱した「4つのタイプ」

人はタイプによって、どのような反応を期待しているのか、どのような接し方を心地よく感じるのかが異なります。それを踏まえた言動をすることで、どのような相手とでもスムーズにコミュニケーションをとることができるようになります。ビジネス社会でこのタイプを見分け、コミュニケーションを使い分けるためには、4つの「ソーシャルスタイル」を基軸にします。

ソーシャルスタイル理論というのはアメリカの産業心理学者、デイビッド・メリル氏とロジャー・レイド氏が１９６０年代に提唱したものです。この理論では、人は物事の考え方や意思決定・判断のしかた、感情表現の表し方に好みがあり、それは次の４タイプに分かれるとされています。

・ドライバー（行動派）……ハッキリした主張を持ち、統率的
・アナリティカル（思考派）……細部にこだわり、整合性を大切にする
・エクスプレッシブ（感覚派）……前向きでみんなのムードを盛り上げる
・エミアブル（協調派）……自分より人を優先し、主役より脇役を好む

・ドライバー

ドライバーは、独立心や競争力が強く、イエス・ノーを明確にしたい人です。効率や成果にこだわり、課題のポイントを絞って即断即決していきます。また、仕事では全体の流れをつかんでテキパキと前に進めていく力を持っています。物事を判断する際にもっとも重要視するのは論理やデータです。

・アナリティカル

アナリティカルは、集団の中では控えめで、イエス・ノーを即答はしません。しかし、粘り強さを持ち、物事を慎重に検討して最善解を出していきます。仕事においては速さよりも質を求め、形式や論理を重視する傾向にあります。

・エクスプレッシブ

エクスプレッシブは、明るく躍動的な性格で、イエス・ノーは忌憚なく表現します。話し好きで、感情表現も豊か。物事を判断するときには直感で即断即決します。周囲から承認されたい欲求が高く、チームなど周囲との一体感を好みます。

・エミアブル

エミアブルは、親しみやすく、周囲に協力的な人です。イエス・ノーを自分の一存で決めるのではなく、周りの意見を取り入れて考えます。縁の下の力持ち的な存在で、人

4つのソーシャルスタイル・アウトプット例

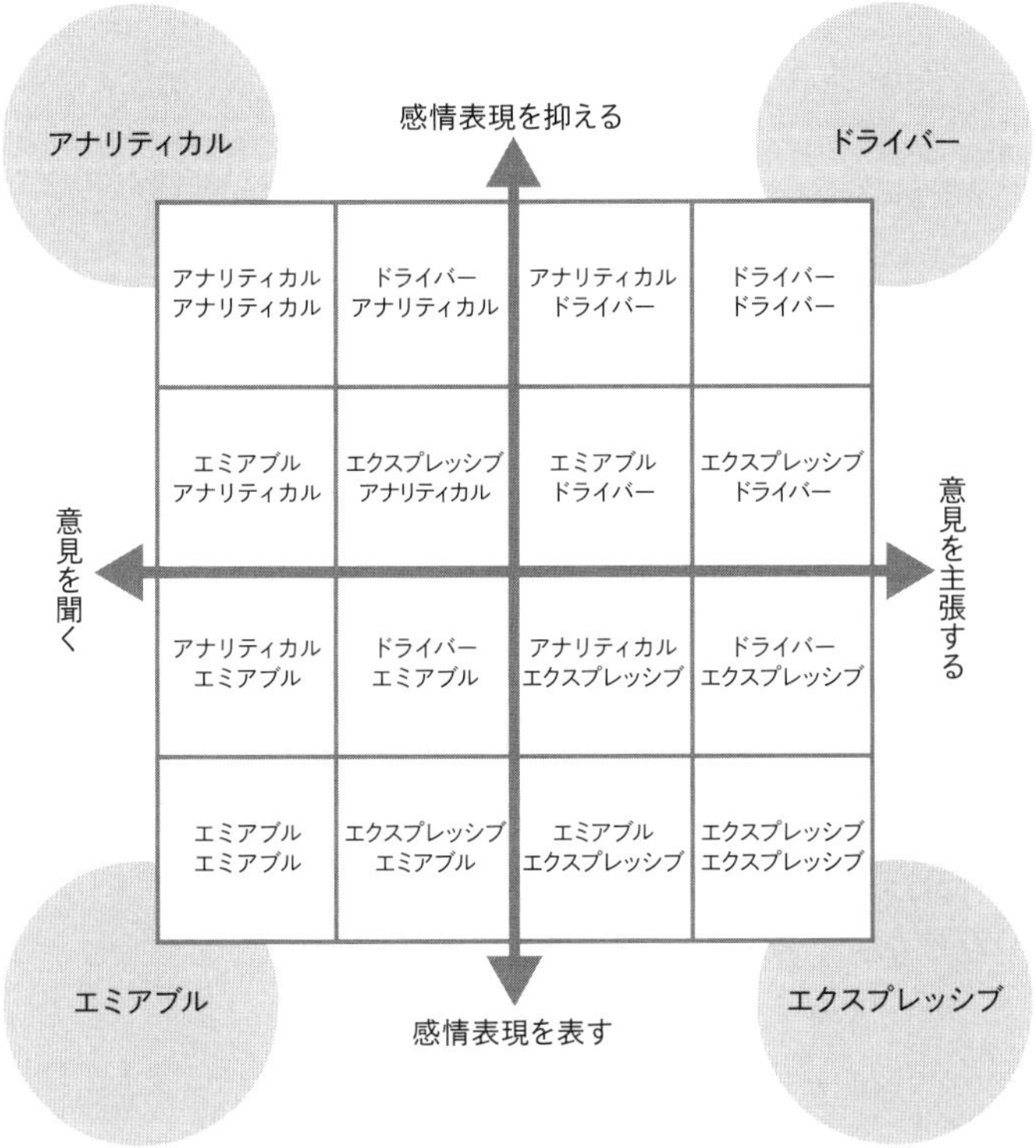

株式会社レイル　MARCO POLOより引用

間関係を重視して周囲に配慮をしながら仕事を進めていきます。

タイプがわかれば適切なコミュニケーション方法もわかる

リーダーになりやすいスタイルとしては、判断が早く、率先力のあるドライバーやエクスプレッシブと言われていますが、キャリアやさまざまな能力、職場の環境によって、アナリティカルやエミアブルがリーダーになることもあります。

自分の上司や周りの人がこの4タイプのうち、どれに当てはまるかがわかれば、どのようにコミュニケーションをとればいいかがわかってきます。具体的な方法については第2章以降で解説していきますので、まずはこの4タイプを頭に入れておいてください。

また、この4つのソーシャルスタイルを知っておくと、ビジネスの場面だけでなく、プライベートでも活用することができます。

今はライフワークバランスが重視され、仕事以外の生活も豊かにしていこうという時代になっています。そして、人が豊かに生きるために必要なものとして、家族との関わりや地域との交流、趣味のサークル活動など、人が複数集まるコミュニティにも目が向けられてきています。コミュニティでの人間関係を良好なものにするためにも、このソーシャルスタイルを知り、相手に応じてコミュニケーションを使い分けることは有効な手段となります。

11 ソーシャルスタイルは後天的に変わるもの

日本人にはエミアブルが多い

ソーシャルスタイルは、その人が先天的に持っている性格だけに基づくものではなく、後天的に身につけたり、環境に応じて使い分けたりすることもできるものです。

ＨＲ（ヒューマンリソース）に関する分析・コンサルティングを手がける株式会社レイルが２０２０年7月に行った調査（社員数３００名以上の企業１２０社に所属する社員約５万人と、大学・短大・専門学校の学生約16万人が対象）では、年代別にソーシャルスタイルを分類したところ、左図のような結果が出てきました。これを見ると、どの

年代別ソーシャルスタイル

対象：全体	20代	30代	40代	50代	60代
アナリティカル	15.4%	11.1%	12.9%	15.1%	17.6%
エクスプレッシブ	15.6%	20.6%	16.9%	14.8%	14.0%
エミアブル	56.6%	53.5%	51.9%	52.7%	44.8%
ドライバー	12.4%	14.8%	18.3%	17.5%	23.6%
合計	100%	100%	100%	100%	100%

※年代別は、10代を除いた

年代もエミアブルが高いシェアを占めていますが、海外ではもう少し違った結果になるかもしれませんね。ひとりひとりがしっかり意思決定・意思表示をして物事を決めるよりも、合議制で物事を決めることの多い日本ならではの特徴とも言えそうです。

世代によってもソーシャルスタイルに違いがある

また、「24時間戦えますか」が合い言葉だったバブル時代に若手社員だった人々は、現在60代となっています。勢いのある時代を生きていた世代ということが、60代の4人に1人がドライバーという結果を導いている可能性もありそうです。

一方で現在の40代は就職氷河期に若手社員だった人たちです。当時、活躍の場がもっと与えられていれば、ドライバーやエクスプレッシブといったリーダータイプがもう少し増えていたかもしれません。

さらに今の時代は、勝ち抜いて上がっていく競争世代から、競争よりも協調・調和を重んじて個人個人を大切にしようという時代になっています。こうした背景も考慮すると、自己主張しない、しなくてもいい傾向が若い世代に強く、20代のエミアブルの多さ、ドライバーの少なさも納得できます。

役割がソーシャルスタイルをつくることもある

ひとつのスタイルが年代とともにどう増減していくかを見ると、ドライバーの出現率は、年齢が上がるとともに増えているのがわかります。日本の社会では、年齢が上がるとともにリーダー的な役割が与えられることも多く、役割が人を育てていくこともあります。つまり、今までは違うソーシャルスタイルだったのが、リーダーとして即断即決しなくてはならない場面や、物事に対して冷静に分析しなくてはならない場面が増えてくることで、ソーシャルスタイルがドライバー寄りになっていく人も多いのです。

また、アナリティカルも年代を追うごとに増えています。キャリアを積んで専門的な技術や知識を身につけていくことで、アナリティカルに寄っていく人も多いのではないかと考えられます。

感情の揺れ動き方については人が持っている素質によることが大きく、なかなか変えられません。ですが、物事を判断する力や即決する力は、後天的に身につけることができるものです。そのため、与えられた役割や周囲の人との関係性に応じて、その場でどのソーシャルスタイルをとるかを変えることもできるのです。

相手との関係性に応じてソーシャルスタイルが変わることもある

また、大勢の人が集まって何かを決めなくてはならない場合に、全員がエミアブルで、自己主張をせずに周りの様子をうかがっているようなとき、誰かがその状況に気づいてドライバーのような役割をすることもあります。会社ではドライバーだけれど、友達と集まるときにはエクスプレッシブ、家庭ではエミアブルという人もいます。

ソーシャルスタイルはあくまでも、その人がそのコミュニティの中でどのようなスタイルで物事を考えたり判断したり、感情を表現したりするかを表したもので、本人の人間性そのものを表しているものではありません。

12 ソーシャルスタイルがわかれば、苦手なタイプがいなくなる

相手の言動にいちいち不安にならなくて済む

相手が4つのソーシャルスタイルのうちどれに当てはまるかを把握することができれば、人間関係は格段にラクになっていきます。それは、その相手の言動を客観的に見ることができるようになるからです。

たとえば、親近感を持ってもらいたいと雑談を振ったのに、相手が素っ気ない態度をとった場合。こうなると「嫌われているのかな」「怒っているのかな」と思うかもしれません。でも、もし相手がドライバーだとわかれば「目的のない雑談は嫌いなタイプ」

と判断することができますので、ムダに不安になったり傷ついたりすることがなくなります。

上司が即決できずにいるのを、「自分たちの仕事ぶりに原因があるのだろうか」「何か悩んでいるのだろうか」と勘ぐる必要もありません。エミアブルの上司の場合は、ただそこにいる全員の合意がとれていなかったり、誰かが主張して背中を押してくれたりしないと前に進めないだけです。それなら、下から意見を主張したときに通りやすい相手とも言えます。

ソーシャルスタイルがわかっていれば、相手の言動をいちいち真正面から受け止めるのではなく、「こういうタイプだから」とフィルターにかけて見ることができます。フィルターにかけることで、相手の言動にカチンときたりイライラしたり、傷ついたりすることがなくなっていくのです。

「この人はこういうタイプだから」と客観的に相手を理解することができれば、ストレスを溜めずに相手とコミュニケーションをとることが可能になっていきます。

タイプが理解ができれば、歩み寄ることもできる

これは恋人や夫婦間で「どうしてわかってくれないの？」と感じるときにも、ぜひ応用してほしいと思います。相手がなかなか自分に共感するような言葉をかけてくれないとき、どちらがいいか聞いているのに曖昧な答えしか返ってこないときなどに、「こういうタイプ」と理解できれば、不安になることも苛立つことも少なくなります。

相手のタイプを変えることは難しくても、ある程度理解ができれば、歩み寄ることが可能になるのです。

13 コミュニケーションを難しくしているのは自分

仕事においてコミュニケーションは誰でも使いこなせる「ツール」にすぎない

「コミュニケーションをとるのが苦手」「人間関係って難しい！」と感じている人も多いと思いますが、相手を客観的に見てソーシャルスタイルを判断することさえできれば、実は案外簡単なものだと気づくことができます。

仕事においては特に、コミュニケーションはただの「ツール」です。ハサミとか、定規とか、エクセルとかワードなどと同じ、ツールです。個人が生まれつき持っている性格や才能とは関係なく、誰でも使いこなせるものです。ツールであることを認識し、その使いこなし方さえ学んでいけば、どんな職場に行っても人間関係に悩みパフォーマンスが左右されることはなくなっていきます。

使いながら学んでいけばいい

そのツールを使いこなすスキルを身につけるためには、まず受け身にならず積極的に使ってみることが大切です。使いながら、「こういうタイプの相手には、こういう反応をすれば摩擦が起きない」ということを学んでいけばいいのです。また、摩擦が起きてもかまいません。人は失敗から学べることも多いからです。

苦手だと感じる人がいる場合、その苦手さは「どう対応したらいいかわからない」ことから来ていることが多いので、対応さえわかれば苦手さは薄れるはずです。自分が思ったような反応が返って来ず、もどかしい思いをする場合は、相手と自分のタイプが違うことが原因です。「相手はこういうタイプだから」と割り切ることができれば、そのもどかしさは薄れます。

タイプがわかれば、相手が発する言葉も理解することが容易になっていきます。「この人ならこう言うよね」と、あらかじめ相手の反応を読めるようにもなっていきます。

持って生まれた能力が低いからではない

もちろん単純にソーシャルスタイルだけで人を奥深くまで理解することはできません。人間はそもそも不可解な生き物で、だからこそ面白いのだと思います。

ですが、まずは大きく4つのソーシャルスタイルを当てはめてコミュニケーションをとることができれば、すべては理解できなくても人間関係を早く、ラクに構築することができます。その上で、必要があれば相手をより深く理解しようとしていけばいいのです。

今、コミュニケーションに悩んでいる人がいるのなら、それは決してその人の持って生まれた能力が低いからではありません。「苦手」「できない」と自分を否定的に見るのではなく、後天的に身につけられるスキルとしてとらえ、磨いていけばOKです。

14 上司が期待していることがわかれば、スムーズに成果が出せる

上司は部下の「人格」ではなく「仕事を進める力」を評価している

ビジネスにおいてコミュニケーションスキルが必要な理由は、仕事の効率化を図り、問題を解決し、生産性を高めるためです。上司とのコミュニケーションも、上司に個人的に気に入られるためではなく、コミュニケーションによってチームを率いる上司の仕事をスムーズにするためだと考えることがポイントになってきます。

コミュニケーションで多少すれ違いが起こった場合にも、相手に個人的に嫌われないために関係修復しようとするのではなく、そのことによって生じた仕事上の問題を解決

することに意識を向けることが大切です。

みなさんが上司から人間として好かれるかどうかと、共に仕事をするチームの一員として評価されるかどうかは、別物です。ビジネスにおいてはプライベートでも行動を共にするような人間関係を構築する必要はなく、あくまでも仕事を進捗させるためにコミュニケーション力を使えばいいのです。

と言っても、仕事外のコミュニケーションはいっさい必要ないと言っているのではありません。人間は遊びがないと心に余裕ができませんので、人間関係においてもオフの付き合いでコミュニケーションをとることで、互いに余裕を持って相手と向き合うこともできるようになっていきます。オフで意気投合することでチームが活性化していくこともあります。

ただ、オフでのコミュニケーションとみなさんの社内評価とは別物です。上司は、部下の人格を評価しているのではなく、仕事を進める力を評価しています。ですから、仕事を進めるために上司が自分にどんなリアクションを期待しているかにフォーカスして、コミュニケーションを考えていきましょう。

経験が浅い分はソーシャルスタイルでカバーできる

社会人経験が浅い新卒社員などの場合は、上司の立場から物事を広い視野でイメージするのは難しいと思いますから、まずはソーシャルスタイルに当てはめてリアクションをとっていくことに集中してください。

ただ2〜3年も経験を積めば、組織全体を俯瞰して見て、上司の立場に立って物事を考えることもできるようになっていきます。そのときには、上司は今どのようにチームを動かそうとしているか、部下たちにどう動いてもらいたいと思っているかを考えることもできるようになります。それまでに上司とのコミュニケーションをラクなものにしておけば、上司の期待にスムーズに応え、仕事で成果を出すことに集中できるはずです。

ぜひソーシャルスタイルという武器を使ってコミュニケーションスキルを磨き、駆使して成果を出し、ビジネスパーソンとしての評価を上げていってください。

15 上司は「上司という役割」を演じている

上司は部下と同じように考えたり行動したりする立場にはない

本章では、職場において上司と部下のコミュニケーションを難しくさせている理由のひとつに、立場の違いというものがあると前述しました。

みなさんが上司に何かを指示されたとき、「どうしてこんなことをやらなくてはいけないんだろう」「自分は何もしていないくせに」と理不尽に思うこともあるかもしれません。ですが、上司の立場では、目標に向けて全体を動かすためにチームの誰かがやらなくてはいけない必要な仕事を指示していたり、細かいことは部下たちに任せて、自分はもっと大きな部分を動かしていたりするものです。

上司は会社組織の中で、上司としての役割を担わなくてはいけません。部下と同じように物事を考えたり、同じような行動をしたりする立場にはないのです。このことを理解していないと、上司の言動を必要以上に理不尽だと感じてしまったり、上司が何もやっていないように見えてしまったりして、「上司とうまくいかない」「上司が合わない」ように感じてしまいます。

上司だって誰とでも完璧にコミュニケーションをとれるわけではない

会社という組織にいる以上、仕事はチームで動かすことが前提となります。このときに、みんなが同じ立場で同じように物事を考えて同じ行動をしていると、仕事は前に進んでいきません。誰かが全体を見渡して、メンバーを目標に向かって導いたり、横にそれたときには軌道修正したりしなければ、成果は出せないのです。また、経験や知識が少ないメンバーが入ってきたときには、組織の中でじゅうぶんに力を発揮してもらえるように育成することも必要です。

上司はそうした役割を担当する立場から、部下たちとコミュニケーションをとっています。もちろん、みなさんと同じ人間ですから、誰とでも完璧にコミュニケーションをとれる人というのは少ないでしょう。「少しキツい言い方になってしまったかもしれないな」とか「自分は甘すぎるのではないか」というように、悩み考えながらみなさんとコミュニケーションをとっています。

立場が違うだけで、上司はあなたの敵じゃない

上司は、みなさんにとって決して対立すべき相手ではありませんし、対立していいことなどひとつもありません。立場が違うだけで、仕事を前に進め、成果を出すという目的はみなさんと共通しているはずです。そう考えたら、苦手意識を持って接していくよりも、部下のほうも少し歩み寄ってうまくコミュニケーションをとり、仕事をやりやすい環境を自分でつくっていったほうが得策ではないでしょうか？

16 上司はもともと、みなさんの味方

上司は部下を輝かせるプロデューサーの役割も果たしている

みなさんの中には、「上司ウザい！」と思っている方もいると思いますが、もう少し上司の肩を持たせてください。

上司の役割の中には、チームのメンバーであるみなさんに給料を得てもらうこと、みなさんの価値を上げて収入を上げることも含まれています。部下がしっかり成果を上げられるようにチームを導いていくことが、上司の役割のひとつなのです。いかに部下が輝いているように見せるかという、プロデューサーの役割も果たしているわけです。

そうは言っても、「うちの上司は嫌みったらしくて」「強い口調でモノを言ってくる」などなど、不満はたくさんあるでしょう。ただ、それはもうその人のソーシャルスタイルだと思って少し我慢してください。みなさんにとっては嫌な態度に思えるかもしれませんが、上司は上司なりに、自分の役割をまっとうすべく動かなければならず、その中で試行錯誤をしているのです……。

合わないと感じるのはソーシャルスタイルが違うだけ

この人とは合わないと思うような上司は、きっとみなさん自身のソーシャルスタイルと異なるソーシャルスタイルの持ち主であるはずです。

たとえば、エミアブルの人なら周りと足並みをそろえて物事を進めるのが得意で、自分だけ突出して意見を通そうとすることは苦手です。そういう人に、ドライバー上司が「あなた自身の意見を、結論から手短に言いなさい」と威圧的に求めたら、きっと「怖い！」と縮こまってしまうでしょう。

また、アナリティカルの人がエクスプレッシブ上司に「とりあえず、これやっといて！」とざっくり仕事を投げられた場合、「とりあえずって何だよ！　どこに向かってどう進めるか材料をもっとくれ！」とイラつくかもしれません。

でも、みなさんが上司と自分のソーシャルスタイルが異なるということを把握していて、かつ上司と自分の役割が違うということも把握していれば、そんなときのネガティブな感情はもう少し薄れていくはずです。

上司の人間性を否定しても何も始まらない

「あの人はこういうソーシャルスタイルで、上司という立場だからこう言ったんだ」そう理解して尊重することができたら、心にグサッと傷を負ったり、イライラ腹を立てたりすることも少なくなっていくでしょう。さらに、相手にも傷を負わせたり、腹を立たせたりしないようにうまく対応ができれば、ネガティブな状況が悪化してこじれていくようなことはなくなります。

職場で人間関係の悩みを抱えている人は多いと思いますが、「あの人、嫌！」と上司の人間性を否定的に受け止めて接しているままでは、きっと会社に行くのも嫌になっていってしまいます。それよりも「スタイルが合わないだけ」と割り切って、ビジネスのために相手に合わせていくほうが、きっとみなさんの精神的負担はずっと軽くなっていきますよ。

17 自分も役割を演じればいい！

本音で理解し合う必要はない

上司のタイプに応じて自分の対応を変えていこうと言うと、「本当の自分を出せないのはしんどい」と感じる人もいるかもしれません。

でも、何度も言いますがビジネスにおけるコミュニケーションは、あくまでも仕事を前に進めるためのものです。人間同士が本音をさらけ出して向かい合い、理解し合い、友情を深めていくためのものではありません。

ビジネスの場面で本当の自分をさらけ出しながらコミュニケーションをしてしまう

と、仕事がいっこうに進まなくなってしまうこともあります。雰囲気がいい職場であることは、働き手が力を出すために必要なことではありますが、仕事をする目的は雰囲気のいい職場をつくることではありません。ただチーム全員が仲良しというだけで、成果が出るわけではないのです。

仕事上のことで注意されても人間性を否定されたわけではない

あるいは、本当の自分をさらけ出して職場の人たちと関わっていると、仕事上のことで少し注意をされただけなのに、「自分の人間性を否定された」と深く傷ついてしまうこともあるでしょう。でも、そんなつもりは相手にはないことが多いのです。仕事上のコミュニケーションと普段のコミュニケーションとは、まったく違うものであるということを、みなさんには知っておいていただきたいと思います。

「他人に自分のことをもっと理解してほしい、承認してほしい」という気持ちは誰にでもあると思いますが、ビジネスにおいて自分を承認してもらうためには、仕事で成果を出すことが必要不可欠です。会社は学校でも趣味のサークルでもなく、成果を出す場所ですから、その場にいる以上、みなさんに求められているのは、組織が結果を出すために動くことに他なりません。

組織のメンバーという役割を演じれば、本当の自分は傷つかない

ですから、みなさんが会社で認められていくには、コミュニケーションも仕事を前に進めるためのツールのひとつとして使っていただくことが肝心です。生身の自分を知ってもらったり、認めてもらったりするためではなく、あくまでも、テクニカルにコミュニケーションをとっていけばいいのです。

会社の中で、上司という役割に徹してふるまっている人に対しては、みなさんも組織のメンバーという役割に徹してふるまい、コミュニケーションをとっていく。深く考える必要はありません。大丈夫、思い切って演じてしまいましょう。演じている自分であれば、多少ミスをして叱られたとしても、本当の自分を傷つけられることはありません。

こう考えると、少し気持ちもラクになりませんか?

そして、演じる際に役立つのが、第2章のソーシャルスタイルごとの「トリセツ」です。さあ、いよいよヒミツ道具を具体的にご紹介していきますよ。

第2章

上司のタイプがわかれば仕事は9割うまくいく！

1 ソーシャルスタイルをチェックしてみよう！

当てはまる項目にチェックするだけでタイプがわかる

第1章では、人は物事の考え方や意思決定・判断の方法や、人と接するときのふるまい方といったソーシャルスタイルによって、4つのタイプに分けられると説明しました。

この4つのタイプのうち相手がどのタイプかがわかれば、みなさんも苦手に感じる上司や先輩ともうまく接していけるようになります。それは、相手がコミュニケーションをとる際に、相手にどのような言動を求めているかがわかるからです。みなさんはそれに合わせて反応すればOK。コミュニケーションはみるみるラクになっていくはずです。

本章ではそれぞれのタイプについてより詳しく解説をしていきますが、まずはそのタイプの見分け方についてお伝えしておきましょう。

やり方は簡単。次の項目に当てはまるものにチェックをして、もっともチェックがたくさん入ったタイプが、その人のタイプだということになります。身近にいる上司や先輩などを思い浮かべて、チェックしてみてください。

ちなみに、ご自身のタイプも確認しておくと、自分がとりがちな言動も客観的に把握できるので、気をつけなければいけない場面でコントロールもしやすくなります。便利なので、ぜひ試してみてくださいね。

エクスプレッシブ（感覚派）

□楽しいことや盛り上がることが大好き

□話のテンポや歯切れがいい

□ついつい話を盛ってしまう

□ポジティブ思考で楽観的

□身振り、手振りが大きい

□否定されるとしょげる、やる気をなくす

□沈黙を嫌い、話し続ける

□おだてに乗りやすい

□一緒にいると楽しい

□真面目で堅い雰囲気は苦手

エミアブル（協調派）

□口調はゆっくりで穏やか

□相手の感情や場の雰囲気が気になる

□サポートすることや手伝うことが好き

□自分で考えて動くことは少ない

□お願いされると拒まない、むしろホッとする

□感謝の言葉や気持ちに敏感

□本音は見せず、意見を語ることに慎重

□同意しやすく、流されやすい

□ルーチンワークが得意で頑張り屋

□聞き上手で、共感することが得意

（提供：株式会社レイル）

チェックしてみよう！　ソーシャルスタイル4タイプ

ドライバー（行動派）

□断定口調で話す
□厳しい表情をしがち
□否定されると怒りやすい
□結論を早々に求める
□腕や足を組む
□メール文面はシンプル
□早口で、他人が途中で意見を挟みにくい
□仕切りたがる
□敵やライバルは多め
□感謝やねぎらいの言葉は少ない

アナリティカル（思考派）

□データや事実を重視
□即答せずに長考する
□時系列に沿って説明する
□喜怒哀楽の感情表現が少ない
□ひとつのことにのめり込みやすい
□メールは背景の説明や理由が多く長め
□発語量は少ないが、得意分野になると饒舌
□ひとりでいることが多く、シャイ
□急に話しかけるとうろたえる
□割り切って合理的に考える

「なんとなくこっち寄り」という判断でOK

チェックを入れていくと、どれかひとつのスタイルにだけたくさんチェックが入るというより、ドライバーとエクスプレッシブが同数くらい、アナリティカルとエミアブルが同数くらい、などハッキリと割り切れないこともあるかもしれません。ただ、あの人はなんとなくこっち寄りだな、というのは見えてきたのではないでしょうか。

人はソーシャルスタイルによって、感情表現、思考表現の高低にそれぞれ傾向が出てきます。チェック項目のように、それが言動に現れたところを見れば、相手のスタイルが把握できるというわけです。

・ドライバー……感情表現度が低く、思考表現度が高い
・アナリティカル……感情表現度が低く、思考表現度も低い
・エクスプレッシブ……感情表現度が高く、思考表現度も高い

・エミアブル……感情表現度が高く、思考表現度が低い

みなさんにはこれを武器にして、職場でのコミュニケーションをよりスムーズにしていっていただきたいと思います。

相手のタイプがわかっても、特別に好かれようと思う必要はありません。もちろん特別に好かれることにも使えるはずですが、あくまでもコミュニケーションの指標をテクニカルに使っていき、仕事ができる人になっていただきたいのです。

では、次からそれぞれのソーシャルスタイルについて具体的に解説をしていきます。

2 ドライバー上司のトリセツ

即断即決、行動派のリーダータイプ

ドライバーはリーダー気質が強く、即断即決が得意。自分のことは自分で決めていこうとするタイプです。仕事はやって当たり前で、たとえ他の人に認められなくても、リスクを恐れず自分が決めた目標に突き進んでいこうとします。

具体的には次のような特徴があります。

・指示や命令など一方的なコミュニケーションを好む

相手をコントロールしたいという欲求が高いので、他人とのコミュニケーションは指示や命令などで一方的になることも多く、相手の話をじっくり聞くことは苦手。相手がハッキリしない話し方をしていたり、結論がなかなか示されなかったりすると、話を遮ってしまうこともあります。優柔不断な態度の人にはイライラした様子を見せることも。そのため、ちょっと「怖い」イメージを与えてしまう人も少なくありません。

・他人と衝突しても自分の意見をハッキリと伝える

自分の意見と相手の意見が食い違ったときにも、何のためらいもなく自分の意見をハッキリと伝えることが多く、ゆえに他人と衝突してしまうことも多いのですが、上昇意欲や達成意欲が強く、成果を出して出世していく人も多くいます。

・仕事は仕事と割り切っている

仕事は仕事と割り切るタイプなので、ビジネスの場面では特に、人間関係などの情緒的な話はあまり好みません。共感してもらいたいときに相談ごとを持ちかけても、乗ってくれないので冷たくされたと感じるでしょう。仕事に確実にメリットをもたらす場合でなければ、会社の飲み会などの付き合いに参加するのも嫌います。

・仕事を確実に前に進める頼れる人

ここまで読むと少し嫌な人に思えるかもしれませんが、なかなか動かない仕事を確実に前に進めたり、自分の会社やチームにメリットのない仕事はきちんと断ったり、迷ったときに答えをすぐに出してくれたりと、頼れる人でもあります。

新入社員など若手ではあまり見かけませんが、組織の中でキャリアを積んで、責任あるポジションを任されていく中で、このソーシャルスタイルを身につけていく人も多くいます。

結論、要点のみでズバッと会話しよう

まどろっこしい会話や雑談、なかなか結論が出されない話は嫌いなドライバーには、結論を先に持っていきながら端的に話をするようにしましょう。

たとえば次のような感じです。

・質問は最初に「何が知りたいのか」から切り出す

質問をするなら、最初に「何が知りたいのか」から切り出します。ここで、「今日この仕事をしていたらこういうことがあって……、それで◯◯さんに相談したらこう言われて……」など、質問に至るまでの経緯から話し出すと、少しイラつかせてしまうかもしれません。なぜその質問をするのかは、聞かれたら答えればＯＫなので、とにかく結論を先に、要点を絞って伝えてください。

・相手の意見を聞きたいときはイエスかノーかで聞く

相手の意見を聞きたいときにも、「自分はこう思うんですけど」と先に長々と自分の意見を話すのはNGです。まずイエスかノーか、あるいはAかBのどちらがいいかなど、なるべく端的に質問をするところから切り出しましょう。

もし「あなたはどう思うの？」と聞かれたら、自分の意見を結論から端的に答えるようにしてください。

・おだては不要だけどシンプルな感謝は効果的

ドライバーはおだてには乗りにくいので、会話の途中でいちいち相手を持ち上げるような言葉をかける必要はありません。もし多少いい気分になってもらいたい場合には、意見を聞いたときなどに「さすがですね。思いつきませんでした」などシンプルにひと言返す形がベストです。

自分のリーダーシップを確かめて自信にしたいタイプなので、「本当に助かりました」「ご指導ありがとうございます」といった尊敬を込めた感謝の言葉には機嫌をよくするはずです。

・提案するときは2～3パターン用意する

もしドライバー上司に自分の提案を聞いてもらいたいときには、1つではなく2～3パターンの提案を持っていきましょう。物事を他人に決められることが嫌いなドライバーには、「自分で選ぶ」という手順を踏んでもらうと、通りやすくなります。

もちろん提案の際にも、なぜ提案するのかといった前置きや具体的な説明から話し始めるのではなく、まずは単刀直入に「今度の○○ですが、AとBどちらがいいですか」と結論から切り出してください。

3 アナリティカル上司のトリセツ

情報重視、石橋を叩いて渡る慎重派

何でも計画を綿密に立て、事前準備を怠らないタイプです。自分の専門性や仕事での強みを大切にし、細かな部分までおろそかにせずミスのない確実な仕事を心がけています。いつもどおりに丁寧に継続することに価値を感じるので、思いつきで何かを行ったり、裏付けのない話に簡単に乗ったりすることはありません。

たとえば次のような特徴があります。

・仕事は時間をかけて慎重に進める

根拠がなかったり情報が少なかったりといった曖昧な状況では物事を判断しないため、仕事で判断が必要なときや新しいプロジェクトを手がけるときなどには、石橋を叩いて渡るように慎重に時間をかけて進めていきます。その場しのぎを嫌い、論理的に物事を考えて整合性を大切にします。

・会議では聞き役に徹して情報収集

会議では自分の意見を述べるより、他の人たちから情報を得ることや、それを分析材料にすることを好みます。飲み会などオフの場でも同様で、面白い情報、役立つ情報が得られそうな場には行きますが、積極的に交流をするというよりは周りの人たちの発言に耳を傾けて情報を得るという姿勢で参加します。

ただ、自分の専門分野で意見を求められたときには饒舌に持論を語ることも。

・空気を読まないマイペースな人

アナリティカルは決められた仕事をひとつひとつ終わらせることを重要視するため、チームワークで進めていく仕事よりも自分のテンポで進められる仕事を選びがち。そのため、研究職や専門的な技術が必要な仕事に就いていることがよくあります。

チームで行う仕事をするときも、周囲のテンポに惑わされず、急かされても着実に仕事を行うことを優先し、淡々とマイペースで仕事を進めます。ゆえに、周りからは空気を読まないマイペースな人と思われてしまうこともよくあるでしょう。

・自己主張は控えめでミステリアス

控えめな人が多く、感情の表現が淡泊で、自分の考えをぶつけることはあまりありません。周りからは気難しそうな人とか、ミステリアスな人と思われることも多いでしょう。

提案もホメ言葉も根拠と具体性がポイント

アナリティカル上司に提案や報告をするときには、丁寧にプロセスを踏むことが大切です。

ポイントは次の通りです。

・分析ができる材料をしっかり伝える

曖昧な根拠や少ない情報では納得してもらえないので、分析ができる材料をしっかり伝えるとよいでしょう。提案時には、具体的なゴールをハッキリ伝えてください。また、リスクが考えられる場合にはあらかじめ提示しておきましょう。

・話を聞くときは急かさない

仕事は自分のペースで着実に進めたいタイプなので、急かしたり、話している途中で口を挟んだりするのはやめましょう。調べる時間や考える時間を与えることや、納得するまで話を聞くことが大切です。また、目立つことが嫌いなので、大勢に聞こえるところで質問をするのもＮＧです。

・質問には事実をそのまま細かく答える

問題が起きたとき、アナリティカルはすぐに解決することよりも、問題の根本を見極めて、情報を集めて整理し、着実に解決していきます。事実を細かく追求していくため、関わった人は「責められている」ように感じるかもしれませんが、本人にはそのつもりはありません。追い詰めたり責任をとらせたりすることが目的ではなく、解決そのものが目的です。ですので、自分の気持ちは置いておき、聞かれた事実をそのまま細かく伝えるようにしてください。

・お願いするときは必要性を伝える

何か修正のお願いが必要なときにも、「ここを直してください」だけではなく、なぜ修正の必要があるのかを論理的に伝えるようにしましょう。

曖昧な理由でいったん決まった物事を変えるのは嫌がるので、何事も根拠を示してあげることがポイントです。

・論理や方法など教えを請うと効果的

アナリティカルは周囲に合わせたり、他人に共感を示したりすることは苦手なので、協調性がないようにも見えますが、本当は自分の意見を聞いてほしいと思っていることも多々あります。そのため、「○○について論点を教えてください」など、分析的、論理的な話を持ちかけるとスムーズに会話ができ、喜ばれます。

また、「仕事の組み立て方を見習いたいです、どうやっているんですか」といった方法論を聞かれるのも好みます。

ホメるときには、「すごいですね」などふわっとしたホメ方ではササりませんので、ピンポイントで「ここがすごい」と具体的に言いましょう。

4 エクスプレッシブ上司のトリセツ

ノリのよいムードメーカー、親分肌なところも

楽しいことが大好きで、考えて動くよりも、やりながら考えていこうとするエクスプレッシブ。細かいことはあまり気にせず、「なんとかなる!」と楽観的に物事をとらえます。その場の勢いや情で物事を決断することもありますが、達成思考は強いので成功を信じて主体的に動いていきます。また、順応性が高く、どのような環境でも明るく前向きに行動していくことができます。

具体的な特徴は次の通りです。

・話し好きなムードメーカー

エクスプレッシブは周りのみんなを巻き込んで盛り上がることが大好きで、話し好きで賑やかなタイプ。職場でもプライベートでもムードメーカー的な立場にいることがよくあります。

沈黙や静かな時間は苦手なので、会議の場でも最初に口火を切ることが多く、よく意見を出します。ただ、集中が必要な場面では、「うるさい」と注意されることもあるかもしれません。

・後先を考えずに話を盛りがち

場が盛り上がることに喜びを感じるので、悪気がなくても話を大げさに盛ったり、できないことも「できる」とサービストークをしたりすることもよくあります。雰囲気や相手の顔色を見て物事を決めてしまうこともあり、計画性や合理性にはやや欠けるところも。本人は細かいことはあまり気にしていませんが、それによって周りがヒヤヒヤすることもありそうです。

・面倒見はよい

エクスプレッシブは面倒見がよく、相手を気にかけたりフォローしたりする姿勢が強いので、部下や後輩から慕われる存在でもあります。上司としては付き合いやすいタイプになるでしょうが、大ざっぱな性格ゆえに真面目な部下にとっては少しストレスが溜まるかも……。

・飲み会にはノリノリで参加

飲み会などのオフには、もちろんノリノリで参加するタイプ。むしろ主催側であることも多くあります。

オフの場面では仕事の話で議論になるなど固苦しいムードは好みませんが、熱い思いを伝えてくれる部下や、相談ごとを持ちかけてくれる部下には心を動かされて目をかけるようになります。

一緒に動きながらサポート、否定はNG

エクスプレッシブ上司にうまくついていくには、「とりあえず動きます？」「まずやってみますね」と、即行動に移すことがポイントです。

次のようなことに気をつけてみてください。

・一緒に動きながら裏方で支える

頭でっかちな議論には興味がありませんし、細かいことは聞いてもわからないので、まずは行動あるのみです。論理的に整合性がとれてから動こうとしていると、もたもたグズグズしている人と思われてしまうかもしれません。

ただ、人に動けという前に自分から決めて動いていくので、一緒に動きながら細かい部分を裏方で支えていくと、ありがたがられることも多いでしょう。継続性が必要な地道な作業でフォローしてくれる人が近くにいると、エクスプレッシブの人は安心して自分のやりたいように仕事を進めることができます。

・質問は自由回答形式で

質問をするときには、是か非か、AかBかといった選択肢の少ない質問よりも、自由に発想したりアイデアを膨らませたりできる質問が好まれます。

ただし、一定の基準や前提条件、優先順位を示しておかないと、際限なく発想を広げてしまうので注意してください。

・指摘は他人を介して遠回しに

物事を任されることや頼られることが好きな反面、叱られることや否定、放置されることを嫌います。他人からの評価を気にするタイプなので、つい八方美人になりがちで、部下にとばっちりが来るような仕事を引き受けてしまうことも。そういうときには遠回しに本人に届くように指摘するとよいでしょう。

たとえばエクスプレッシブ上司と仲のよい上司に、「この前○○さんがこの話を引き受けていて、ちょっと心配しています」などと伝えて、本人に「部下が心配しているみたいだよ」とさりげなく言ってもらうなどが有効です。

・ホメるときは大勢の前で名前を呼んで

ホメるときには、具体的な内容でなくても「○○さんは頼れますよね」など、本人の名前を主語にしてホメておけば簡単に喜んでもらえます。エクスプレッシブは人と関わるのが好きで、他人ひとりひとりの人間性を気にしたり、自分の人間性を知ってもらいたがるので、会話の中でしっかり「名前を出す」ということはポイントとなります。

また、大勢の前でホメられるのも大好物です。

・否定するのではなく提案する

もしエクスプレッシブ上司の意見を否定したいときには、強く否定されると傷ついてしまうこともあるので、「こうしたらもっとよくなるのでは」と提案調で伝えてあげてください。

5 エミアブル上司のトリセツ

自分よりも他人優先、脇役が落ち着く

エミアブルは、他人が自分に何を期待しているかを察して、それに応えようとしていくタイプです。空気を読んだり、他人を気遣ったりすることは得意で、困っている人を見ると手を差し伸べずにはいられません。

詳しくは次の通りです。

・頼みごとは断れない

人間関係を大切にし、波風を立てたくないエミアブルは、他人からの頼みごとを断るのは苦手。八方美人とは異なり、ただ断れないのです。ついつい「わかりました」と引き受けてしまい、仕事が常に手一杯になっている人も……。

・相手に共感する聞き上手

相談を受けても自分の意見を押しつけることが少なく、たいていは「うんうん」と相手に共感して頷いていく聞き上手。ただ聞いてほしい、愚痴を言いたいという場合ならすっきりとストレス解消させてくれます。

ただ、よく相談を持ちかける相手から見ると、いつでも自分の考えに共感してくれる理解者、味方ではあるのですが、本人は誰に対してもそういう態度をとっています。そのため、知らないうちにややこしい人間関係に巻き込まれてしまっていることもありそうです。

・自己主張より他人のサポートが好き

会議などでは自分の意見を主張することはしませんが、だからといって何もしたくないわけではなく、人の役に立ちたいという強い思考を持っているのがエミアブル。他人の要望に応え、サポートしたいタイプなので、主体的に動くことは好みません。

・動く理由は「みんながやるなら」

孤独を嫌ったり、評価を気にしたりする面も強いので、「みんながやるなら」という理由が動く理由になりがちです。

飲み会も、断るのが苦手なだけでなく、「みんなが行くから」行くということで、特別な理由がなければほぼ参加。酒席でも脇役に徹して、料理をとりわけたり空いているグラスを片付けたりなど、細やかな動きを見せてくれます。

・悪い評価は受けないがリーダータイプではない

仕事は丁寧に行うので他人からあまり悪い評価を受けることはありませんが、物事を大きく動かすようなリーダータイプではないため、大きな組織やベンチャー企業の管理職などではエミアブルの割合は減っていきます。

ただ、飲食業やサービス業の店長やエリアマネージャーなど、現場系のリーダーにはエミアブルも多くいます。

若手の間はエミアブルで、経験を積んで慣れていくと他のスタイルに移る人も少なくありません。

存在を認めてあげると距離が縮まる

思っていることをなかなか口にできず、秘めていることの多いエミアブル。もしも顔つきを見て不安や心配がありそう、言いたいことがありそうだったら、聞いてみてあげてください。とりとめのない話かもしれませんが、言えずにいたものを聞いてくれる相手には好感を持ちます。本音を引き出して、共感・肯定してあげることがエミアブルと仲良くなるヒケツです。

・断定的な物言いは避ける

エミアブルは強い口調や威圧的な態度の人が苦手なので、話しやすい雰囲気をつくり、断定的な物言いをしないことが大切です。会話の際には、やわらかい表情や相づちを忘れないようにしましょう。

・「あなたのおかげ」と感謝する

いつも脇役に徹しているため、他の人に高い評価を持っていかれるのに慣れているのがエミアブル。自分の存在感が薄いことを、少し気にしていることもあります。そのため、「あなたのおかげで助かった」と感謝の言葉を伝えたり、「〇〇さんの仕事っていつも丁寧ですよね」と気にかけて見ていることを伝えたりすると、喜ばれます。

・提案するときは明確な手順を示して

エミアブル上司に提案をするときには、わりと意見は通りやすいはずです。自分で考えることよりも手順に沿うことが得意なので、提案と同時に明確な手順を示してあげれば、ゴーサインをもらいやすくなるでしょう。

今のやり方を変えるような要望をしたいときには、「今までのこれがダメなんです」と否定するのではなく、エクスプレッシブ上司に対するときと同じように「こうしたらもっとよくなる」という言い方で。

・判断を求めるときは他の人の意見も添えて

何か物事を判断してもらわなくてはならない場面では、強く意見を求めるのではなく、他の人の意見などの情報を出しながら、見守る姿勢を前面に出しながらどうしたいかを問うようにしてください。

・ホメすぎには要注意

本音を引き出してあげたり、頻繁に声をかけてホメたり存在を認めたりすることは、エミアブル上司との距離を縮める有効な手ではありますが、やりすぎにはちょっと注意が必要です。自分を認めてくれる人に依存しやすい傾向がありますので、近づきすぎて頼られてしまうと、大切な場面で判断を任されてしまうこともあるからです。上司としてうまく動いてもらうように、寄り添いながらも本人に考えてもらうことを重視して付き合っていきましょう。

6 タイプ判別は出会って5分でも可能！

時間に関する質問をするとタイプがわかりやすい

それぞれのソーシャルスタイルのイメージがわくようになれば、相手のタイプは出会って5分でもわかるようになっていきます。そのちょっとしたコツをお伝えしておきましょう。

たとえば、商談で初めて会う相手なら、「本日は何時までお時間をいただけますか」と聞いてみます。このときの反応を見ると、相手のタイプが推測できます。

・**ドライバー**……不要なお喋りを嫌い、最低限のコミュニケーションで結論を出したがるので、「30分で」など、短めの所要時間を即答します。

・**アナリティカル**……少し考えた上で、「1時間」「15時まで」などハッキリと時間を伝えます。

・**エクスプレッシブ**……ときに冗談をまじえながら「気にしないでいいですよ〜」「いつまででも！」などと明るく答えてきます。

・**エミアブル**……おとなしい口調で「まあ……そちらのご都合に合わせます」と相手に合わせようとします。

このように、時間に関する質問をするとタイプがわかりやすくなります。早ければ早いほうがいいドライバー、必要で最適な時間を明確に設定するアナリティカル、楽しければ長引いてもいいエクスプレッシブ、相手に合わせるエミアブルというようにそれぞれ特徴が出ます。

仕事とは関係ない世間話を振ってみるのもいい

他にわかりやすいのは、天気の話題など、仕事とは関係ない世間話を振ったときです。

- **ドライバー**……仕事に必要のないムダ話を嫌うので、話題に乗ってこず「そうですね」程度で即座に切り上げようとします。
- **アナリティカル**……やはり興味のない話には乗ってこず、即答はしないまでも切り上げようとします。ただし興味のある面白そうな話題なら乗ってきます。
- **エクスプレッシブ**……ノリノリで話を弾ませます。
- **エミアブル**……話に乗ってきますが、ノリノリというよりも聞き役に回っていきます。

最近はコミュニケーションのオンライン化も進んでいますが、これはメールでも使えます。メールに「ところで、今年は猛暑ですが体調は大丈夫ですか？」「この前の台風は大変でしたね」など仕事以外の話を少し入れて反応を見てみましょう。

・**ドライバー**……スルーされます。
・**アナリティカル**……必要最低限の返信で、少し冷たい感じがします。
・**エクスプレッシブ**……ノリノリで返してきます。
・**エミアブル**……「私は大丈夫ですが、○○さんはいかがですか」「ご心配ありがとうございます」など、逆にこちらを気遣うような感じで答えてきます。

このように、ソーシャルスタイルを出会ってすぐに見極めることができれば、相手にとって最適なコミュニケーションにすぐ合わせていくことができます。初対面で好印象を持ってもらうことができれば、仕事もかなりスムーズに回っていくようになっていきますよ。

7 タイプ別「口ぐせ」ワード集

よく口にする単語からもタイプがわかる

4つのソーシャルスタイルのうち、相手がどれに当てはまるのかを判別するには、どのような単語をよく口にするかを聞いてみるのも手です。タイプによってある程度、言いがちな言葉がありますので参考にしてみてください。

・ドライバー……「それで？」

「手短によろしく」

「結論は？」

「まだ？」

ドライバーは長々とした説明や結論のない話は苦手。ビジネスライクに、必要最低限の発言をしたり、相手にもそれを求めたりします。

・アナリティカル……「理論的には」

「根拠は？」

「データによると」

「大きく分けて3つです」

根拠や理屈を突き詰めるタイプのため、論理的な言葉使いが多くなります。何かを説明するときに、数字を出してくることも多い傾向です。

・エクスプレッシブ……「ドーンと、ガバッと、バーンと」

「頑張ろう！」

「面白いですね〜」

「そういえば私も」

早いテンポで、擬音語を多用したノリのいい言葉がポンポン飛び出してきます。ポジティブな言葉が多かったり、すぐに自分の話をしようとしたりする傾向も。

・エミアブル……「みなさんは？」

「頑張ります」

「いいと思います」

「頑張ってください」

周囲に意見や判断を求めたり、相手を気遣ったりするような言葉を多く使います。相手の判断や要求に対しては、従順な返事を返してくることが多いでしょう。

8 オンラインでタイプを見抜くには？

メールでのタイプの見抜き方

最近ではメールやビデオ通話などオンラインでのコミュニケーションが中心となっている職場も増えてきています。相手のことを知るにはもちろん対面のほうがわかりやすいのですが、オンラインでもある程度見極めることは可能です。

たとえばメールの場合は、次のような感じです。

・ドライバー

必要事項だけ端的に書いて送ってきます。丁寧な挨拶文や相手を気遣うような文言はほとんどありません。メールの短さで、すぐにわかることが多いでしょう。

・アナリティカル

ドライバーの要素に加えて、データ資料を添付してきたり、根拠や手順を箇条書きにまとめて送ってきたりすることがあります。

・エクスプレッシブ

挨拶文から親しみのある表現やノリのよい表現で、「先日の○○は楽しかったですね」といった余談も差し挟みながら、長めのメール文章になりがちです。

・エミアブル

冒頭から丁寧な挨拶を入れてくるため、メールはドライバーやアナリティカルより長めになります。

ビデオ通話でのタイプの見抜き方

Ｚｏｏｍなどのビデオ通話の場合は、相手の表情や発言の頻度などに着目してみましょう。

・ドライバー

スタート時点の「今日は寒いですね」「誰々さんはまだ来ていませんね」などのアイスブレイク的な会話にはあまり参加してこず、必要なときにしか発言をしません。自分の判断が求められてるときだけ、話します。

・アナリティカル

やはりスタート時点のアイスブレイク的な会話にはあまり参加してきません。自分が持っている情報が必要となるときだけ話します。

また、他の参加者から情報収集するために、じっくり話を聞く姿勢をとっているでしょう。

・エクスプレッシブ

空気を明るくしようと雑談を挟んだり、他の人の発言に大きくリアクションしたりと賑やかな様子を見せます。他の人の発言を受けて、「そういえば私も」「私ならこう思う」など、自分の意見を主張したがることもよくあります。

・エミアブル

ビデオ通話では存在感が薄くなりがちです。話を振られれば口を開きますが、それ以外の場面では穏やかな表情で聞き役に回っています。

このように、さまざまなシーンで他人のソーシャルスタイルをある程度判断することができますので、ぜひ意識して観察してみてください。相手のスタイルを知って、自分の言動を考えていくことが、コミュニケーションを円滑にするために大きく役立つはずです。

では、次の章ではもう一歩進んで、自分のソーシャルスタイルも踏まえて「上司にどうふるまうと好感度がアップするか？」「相手によって、自分のどんな言動に気をつけたほうがいいのか？」をお伝えしていきましょう。

オンライン1on1での特徴

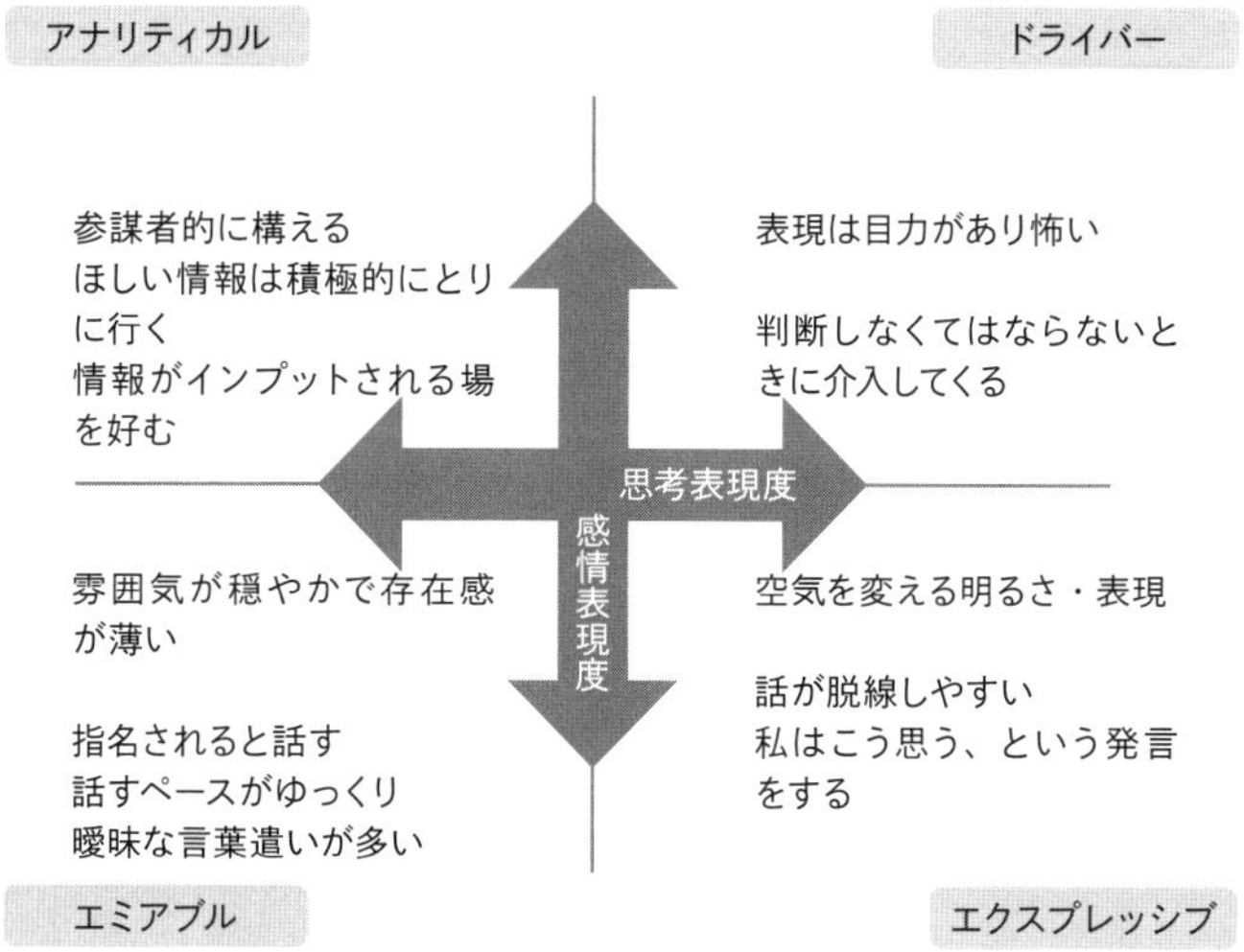
アナリティカル
ドライバー
参謀者的に構える
ほしい情報は積極的にとりに行く
情報がインプットされる場を好む
表現は目力があり怖い
判断しなくてはならないときに介入してくる
思考表現度
感情表現度
雰囲気が穏やかで存在感が薄い
指名されると話す
話すペースがゆっくり
曖昧な言葉遣いが多い
空気を変える明るさ・表現
話が脱線しやすい
私はこう思う、という発言をする
エミアブル
エクスプレッシブ

第3章

自分のタイプがわかれば人間関係がもっとラクになる！

1 あなたのタイプ×上司のタイプ＝スムーズなコミュニケーション

自分自身のソーシャルスタイルを確認しておこう

４つのソーシャルスタイルについて、みなさんもなんとなくわかってきたのではないでしょうか。本章ではみなさんのソーシャルスタイルも踏まえて、より具体的にコミュニケーションのとり方を解説していきたいと思います。

みなさんが「付き合いにくいな」と感じる上司は、たいていソーシャルスタイルが合わない上司です。上司とうまくいかなくても、あなた自身に能力がなかったり、性格に問題があったりするわけではなく、ただ、ソーシャルスタイルが違うだけ。これを認識した上で、ではどうすればいいのかを考えていきましょう。

何度もお伝えしますが、ビジネス上のコミュニケーションは、あくまでも仕事で目的を達成するためのものです。上司と仲良くなることがゴールではありません。ですから、「本当にこの人はムリ！」と思う上司がいても、仲良くするためではなく、人間関係で摩擦を起こさずにスムーズに付き合っていくためのツールとして、コミュニケーションを使ってください。

そのためにまず、みなさんのソーシャルスタイルをここで再度確認しておきましょう。第2章で紹介したチェックリストは他人の言動からスタイルを判断するものでしたが、ここでは内面にも突っ込んだチェック項目を用意しました。先ほどのチェック項目よりも、より正確に判断ができるはずですので、トライしてみてください。

エクスプレッシブ（感覚派）

□どんなに忙しくても、人から頼られると、俄然やる気が出るほうだ
□幹事や盛り上げ役を買って出ることが多い
□自分の言動は周囲に元気や勇気を与えていると思う
□後先を考えず、その場の空気を読んで行動することが多い
□人よりも「お節介」な一面を持っていると思う
□自分は結構、楽天的だと思う
□チャンスを感じれば、リスクは気にせず、前に進めることが多い
□「お世辞」や「よいしょ」だとわかっていても、それに乗っていくほうだ
□元気のない人を見ると放っておけないタイプだ
□自分は人よりも、かなり運がいいと思う
□その場を盛り上げるために、ついつい話を大げさにしてしまうことがある
□自分のアイデアが却下されると、寂しくなってしまう
□会話が途切れると、自分から話題を探して、相手に振るほうだ
□話が面白いと言われることが多い
□話がついつい盛り上がって、予定の時間をオーバーしてしまうことがある

エミアブル（協調派）

□自分が主役になることよりも、周囲をサポートすることを好む
□その場の雰囲気が悪くなるなら、言いたいことでも言わないほうだ
□他の人よりも、みんなに注目されることが苦手だと思う
□グループでの行動プランは、自分で決めるより、他の人に決めてほしいほうだ
□自分の意志で始めることよりも、他の人の指示で始めることが多い
□相手が自分のことをどう思っているか、気になることが多い
□自分の意見を通すことよりも、相手に合わせるほうが自分らしいと思う
□自分の達成感・満足感よりも、相手からのねぎらいの言葉が一番嬉しいと思う
□人にお願いされたら、自分が大変でも、それに応えていくことが多い
□穏やかで優しい性格だと言われることが多い
□理不尽なことがあっても、自分だけ我慢すればよいなら、そうすることが多い
□話し上手というよりも、聞き上手だと思う
□相手に感謝されることで、自分の存在意義を感じることが多い
□自分の状況はさておき、困っている人を見ると、看過できないタイプだ
□大きなことをやり遂げることよりも、目立たなくてもコツコツやるほうが性に合っていると思う

（提供：株式会社レイル）

「本当の自分」を知ろう！　ソーシャルスタイル自己診断

ドライバー（行動派）

□何事も自分で決めないと納得できないほうだ
□優柔不断な人と一緒にいるとイライラしてしまうことが多い
□人からあれこれ指図されると腹が立つことが多い
□普通の人よりも、誰かと競争している気持ちになることが多いと思う
□相手にどう思われようと、必要なことは伝えられるほうだ
□チームやグループで行動するときは、指図されるより仕切りたいほうだ
□決めたことは、コロコロと考えを変えずに進めたいほうだ
□周囲に近寄りがたい威圧感を与えていると思う
□一度始めたら、多少ムリがあっても、すぐに諦めたくないほうだ
□メールや会話はシンプルで必要最低限な内容を好むほうだ
□報告は単刀直入に結論だけ伝えてほしいと思う
□相手と話をするとき、曖昧な言い方よりも、断定した言い方を選ぶほうだ
□自分のアイデアを否定されると、腹が立つことがある
□自分はたいてい、人よりも正しい判断ができていると思う
□仕事はいくら頑張っても、成果が出せなかったら意味がないと思う

アナリティカル（思考派）

□直感には頼らず、時間をかけ、結論を出すタイプだ
□あれこれやる必要があるときでも、ひとつのことに没頭してしまうことが多い
□信用できる人の話でも鵜呑みにせず、必ず自分で確認するほうだ
□ドキュメントのフォントやインデントなどが統一されていないと、人一倍気になるほうだ
□メールは、丁寧に説明するため、長くなることが多い
□喜怒哀楽が出にくく、何を考えているのかわからないと言われることがある
□人と比べると、かなり慎重に行動するほうだ
□細かなデータを分析し、さまざまなことを解明することは楽しいと思う
□スピードを犠牲にしても、精度にこだわってしまうことが多い
□学習するときは、時間をかけても絶対に系統立てて学びたいと思う
□大勢で協力することよりも、ひとりで集中する作業のほうが向いていると思う
□データがあれば、人一倍合理的で正しい判断が下せると思う
□普段は静かだが、自分のこだわりのあるジャンルの話だとよく喋るほうだ
□相手の立場や状況に流されず、割り切って合理的に判断することが多い
□知らないことを聞かれたら、即答せずに調べてから答えるほうだ

気になる上司との相性は？

こちらも第2章のチェックと同じように、どれかひとつだけに偏るのではなく、2つのタイプにチェックが多く、残りの2つは少ないなど、人それぞれに配点が違ってくると思います。ですが、まずはもっとも多くチェックがついたスタイルを自分の特性だと思ってください。その上で、2番目にチェックが多かったスタイルも参考にしてみましょう。

では、次から自分と相手のソーシャルスタイルの組み合わせによって、どのような人間関係になりやすいかを理解していきましょう。まるで恋愛の相性占いみたいですが……、気になる上司との相性をぜひチェックしてみてください！

ソーシャルスタイルの組み合わせによる関係性

		相手のソーシャルスタイル			
		ドライバー	アナリティカル	エクスプレッシブ	エミアブル
あなたのソーシャルスタイル	ドライバー	人から指図されるのは大嫌いな2人。自分の意見を通そうとすると相手は反発するので、相手を立てることを意識して。	丁寧な説明や論拠を大切にする相手。結論がなかなか聞けずイライラするかもしれませんが、メールや書類でのコミュニケーションでうまくストレス軽減を。	ポジティブな言葉が大好きなエクスプレッシブには、普段人をホメないドライバーからのホメ言葉が効果的。「いいですね!」など短い言葉でいいのでホメましょう。	穏やかに物事を進めたいエミアブルには、物言いや表情、態度がキツくならないように注意を。ねぎらいの言葉も忘れずに。
	アナリティカル	順序立ててロジカルに説明をしたくなるところをぐっとこらえて、結論・要件・お願い事項を最優先で伝えましょう。	ゴールに向かって淡々と仕事を進めていく2人は相性バツグンですが、クリエイティブなことや他との共有は苦手。フォローできるメンバーを確保するとベストです。	エクスプレッシブの飛躍したアイデアや抽象的な指示にイラッとくるかもしれません。ただ、全否定してやる気を失わせないよう、指摘するならよいところも伝えるように。	感情表現が苦手なアナリティカルは、エミアブルを不安にさせることもありそう。用がなくても挨拶やねぎらいの言葉を意識してみてください。
	エクスプレッシブ	ポジティブなエクスプレッシブは、ドライバーから「お調子者」と思われているかも。ムダ話は控えて、真剣さが伝わる態度で端的に話をしてください。	じっくり考えて答えを見つけたいアナリティカルは、勢い重視のエクスプレッシブには本心が言いづらいことも。事前に話の内容を共有して考えを整理してもらうと◎。	お互いに楽しく盛り上がれる2人ですが、重要なテーマから話がずれたり、大切なことを忘れてしまったりするので、サポートができるメンバーを巻き込むとよいでしょう。	聞き上手なエミアブルは、あなたにとって心地よい相手。でも、相手の話題を横取りしたり、自分ばかりが話したりしていないか気をつけましょう。
	エミアブル	孤立しがちなドライバーにとっては、エミアブルがよき理解者になることも。ただ、ねぎらいや感謝の言葉は期待せず、サポートしていきましょう。	気持ちや意見を積極的に出さないアナリティカルは、何を考えているかわからず不安かもしれません。でも必要以上に気をもまず、いつもどおりでOKです。	聞き上手なエミアブルは、エクスプレッシブにとって頼み事をしやすい相手。それが行き過ぎて無茶ぶりをされないよう、ときには断る勇気も持って。	お互い穏やかに物事を進めていけますが、決断や新しい発想が必要なときには停滞しがち。そんなときはなるべく自分の意見を言って打開していきましょう。

2 ドライバーのあなたにおすすめの、各タイプの上司への対処法

「ドライバー上司」とは、第2のポジションを狙う関係に

ドライバーは自分で即断即決、他人に物事を決められるのが嫌いなタイプ。そこでお互いに自分の意見を譲らないと、衝突してしまうこともあります。

上司であろうと物怖じせずに自分の意見を伝えられるのはドライバーであるあなたのいいところでもありますが、しばしば意見が衝突すれば「生意気なヤツ」「頑固者」とマイナスイメージがついてしまうことも……。

そこで、ドライバーのあなたがドライバー上司とうまくコミュニケーションをとるに

は、相手の意見を尊重する姿勢を見せることが大切です。仕事を前に進めるために、相手を立てていくことを覚えれば、「デキる部下」として評価が上がっていく可能性は大。

もともとドライバーの上司はドライバーの性質を高く評価しますから、衝突を減らして認められれば、ナンバー2のポジションに就けたり、大きなプロジェクトに抜擢されたりと、活躍の場を広げてもらえるでしょう。

「アナリティカル上司」とは、丁寧なメールが関係構築のカギ

情報をしっかり分析し、物事は背景から理解した上で進めていきたいのがアナリティカル。ドライバーのあなたにとって、アナリティカル上司が相手だと、「結論から伝えてほしい」ともどかしく感じることもあるでしょう。

ただ、相手は「なぜそうするのかを理解する」ことを抜きにして物事を進めるのは苦手です。性急にことを進めようとすると、「勢いだけで物事を進める人」と判断されてしまうかもしれません。

そんなアナリティカル上司とドライバーのあなたが上手に付き合っていくには、メールや書類など文章を使ったコミュニケーションを利用していくことです。相手はじゅうぶんに伝えたいことを伝えられますし、あなたは結論から読めばOK。お互いにストレスが少ない状態でコミュニケーションがとれるはずです。

また、ときには膝をつき合わせてじっくり話をする機会があると、より理解してもらえるでしょう。

「エクスプレッシブ上司」には、たまにのホメ言葉が効く！

ドライバーのあなたはムダ話が苦手なゆえに、人をホメるのはちょっと苦手。ですが、エクスプレッシブはホメられて前進するタイプです。ここで、普段は他人をホメないあなたがホメ言葉をかければ、その効果はテキメン。行動力のあるエクスプレッシブをさらに前に動かしていくには、積極的にポジティブな言葉をかけていくのが一番です。

ホメ言葉は具体的でなくてもかまいません。「いいですね！」「最高です！」など、短くても前向きな言葉をかけていきましょう。うまくのせれば、仕事はどんどん前に進んでいきます。

「エミアブル上司」とは、言葉より表情で語ろう！

周囲の意見に耳を傾け、穏やかに物事を進めたいエミアブルは、ドライバーのあなたから見たら即断のできないもどかしい上司に感じることもあるでしょう。

逆にエミアブル上司から見ると、意見を主張したりスピーディーに物事を進めようとしたりといったドライバーのあなたは、「キツい」「怖そう」と敬遠したい相手になっているかも。表立って衝突することはなくても、敬遠されてしまえば仕事を前に進めたり、活躍の場をつくってもらったりすることができなくなっていくので、注意が必要です。

エミアブル上司に対しては笑顔や穏やかな表情、口調を心がけるように気をつけましょう。また、こまめに「○○さん大変ですよね」「いつもお疲れ様です」といったねぎらいの言葉をかけることをおすすめします。

3 アナリティカルのあなたにおすすめの、各タイプの上司への対処法

「ドライバー上司」とは、結論・要件・お願い事項を最優先に

ドライバー上司は、コミュニケーションにおいて結論や要件を最優先したがります。対してアナリティカルのあなたは、物事を順序立てて説明し、論拠や背景を理解してもらってから結論に導きたいタイプ。こうなると、ドライバー上司にとっては「話が長い」「くどい」とストレスに感じてしまうこともあります。

ドライバー上司を相手にするときには、なるべく結論や要件、お願いしたいことを最優先に、他は手短に伝えるように気をつけたほうが、コミュニケーションはスムーズに

いくはずです。

また、もし論拠や背景を示したいときには、資料などをあらかじめつくっておいて、「後でこれを見ておいてください」と渡しておくのも手です。

「アナリティカル上司」とは、共に着実にゴールに向かえるパートナー

アナリティカルはゴールに向かって淡々と着実に仕事を進めていきます。この2人が共に仕事をするときには、お互いに手分けして情報収集に当たりながら手堅く進めることができるので、よきパートナーになることができます。

ただし、クリエイティブな発想が必要な仕事や、さまざまな人と協働していかなくてはいけない仕事は、アナリティカルが苦手とする分野。アナリティカル同士では状況を打破できず、仕事が前に進まなくなってしまう可能性もあります。

そんなときには、フォローしてくれる他のソーシャルスタイルのメンバーを混ぜ、できるだけ新鮮な環境をつくるように意識していきましょう。

「エクスプレッシブ上司」への指摘・批判は意識して慎んで！

エクスプレッシブ上司は、抽象的な言葉を使って説明したり、「それってどうやるの？」と飛躍したアイデアを突然出してきたりします。アナリティカルのあなたにとっては、このタイプは苦手で、ときに反発を覚えることもあるはず。

ですが、ただ指摘をしたり、否定をしたりするだけでは物事は前に進みません。しかも、指摘や否定でエクスプレッシブ上司のやる気がそがれれば、さらに仕事は停滞することに……。

抽象的なアイデアや指示も、ここはアナリティカルが具体的に落とし込んでサポートするような気持ちで接していきましょう。また、アイデアのいいところも探して、「ここはいいと思います」と簡潔に伝えると、よりスムーズに物事が進んでいきます。

「エミアブル上司」とは、言葉は少なくても挨拶は重要

周囲の考えをよく聞いて、協調性を大切にするエミアブル上司にとって、ロジカルシンキングを重視して淡々と仕事を進め、感情表現や意見の主張が少ないアナリティカルは謎の多い人。何を考えているかわからず、不安にさせてしまっていることもあるかもしれません。

ロジカルにものを考えることも大切ですが、エミアブル上司に対してはなるべく「人間味」を出すことも意識してみてください。普段の挨拶をしっかりするだけでなく、これと言って用事がなくてもねぎらいの言葉をかけたり、ひと言世間話をするだけでも、安心感を抱いてもらえるはずです。

4 エクスプレッシブのあなたにおすすめの、各タイプの上司への対処法

「ドライバー上司」へは、真剣さを伝えることが大切！

ドライバー上司にとって、ムダ話をする人や端的に用件を伝えられない人は「デキない人」に見られがち。ポジティブで話し好きなエクスプレッシブのあなたは、そんなドライバー上司にとっては「ただ口が達者で調子のいいヤツ」と思われてしまうこともありそうです。

他人との友好関係を大切にするあなたですが、ドライバーにとって仲良くすることはそれほど重要なことではありませんので、接するときは「目的は仕事！」と少し気を引

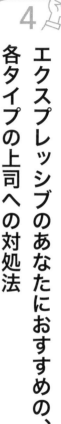

き締めて。ムダ話や長話は避けて、真剣さが伝わるように、端的に話を進めていきましょう。これで信頼が得られるようになるはずです。

「アナリティカル上司」とは、事前に話題を共有すべし

アナリティカル上司は、さまざまな情報をもとにじっくり考えて答えを見つけたいタイプです。ところが、エクスプレッシブのあなたは沈黙が苦手で、ついつい思ったままに言葉を口にしがち。アナリティカル上司にとっては、自分の考えをまとめる前にどんどん話が進んでしまうので、自分のテンポが乱されてしまいます。

結果、あなたは「あの人、何を考えているかわからない」と思うことになるかもしれませんが、それはあなたが相手に話す余裕を与えていないからに他なりません。

コミュニケーションとは、一方的にとるものではなく、相互に行うもの。アナリティカル上司と良好なコミュニケーションをとるためには、相手の考えを引き出せるよう、事前に話の内容を伝えておくことがポイントです。相手にじっくり考える時間があれば、

一方的にならずに済むでしょう。

「エクスプレッシブ上司」とは、意気投合はいいけれど、サポート役も立てて

ポジティブでノリのいいエクスプレッシブ同士は、気が合って一緒に盛り上がれる関係が築けます。エクスプレッシブ上司にとって、エクスプレッシブのあなたは自分のやる気を上げてくれる存在。エクスプレッシブのあなたも、エクスプレッシブ上司のもとなら前向きに楽しく働くことができます。

ただ、このノリの合う2人が一緒に仕事をしていると、話が脱線したり、アイデアや行動が飛躍しすぎたり、また細かいことを忘れてしまったりと、堅実にゴールに向かうことが難しくなることも。

この場合は、細かい部分をサポートできる人や、「脱線してますよ」とアラートを出せる人をメンバーとして巻き込んでおくのがよさそうです。

「エミアブル上司」とは、相手を自分の引き立て役にしないよう注意して

エミアブル上司はよく話を聞いてくれたり、共感してくれたりするため、エクスプレッシブのあなたにとっては「理解してくれている」「自分を気に入ってくれている」と感じることも多いでしょう。仕事上で不満や悩みがあるときの、打ち明け相手には適任です。

ただ、エミアブルはもともと聞き上手で、自分が話すときにはゆっくり考えながら話すタイプ。テンポが早く話し好きなエクスプレッシブの餌食になりやすく、自分の意見を言えなくなってしまうことも。エミアブル上司に負担を与えずリーダーとして動いてもらうためには、話題を横取りしたり、自分ばかり話をしたりしないよう、意識しておきましょう。

5 エミアブルのあなたにおすすめの、各タイプの上司への対処法

「ドライバー上司」へは、優しい言葉を期待しないこと！

断定口調で話したり、スピードを重視したりするドライバー上司は、ゆっくり考えたり周りと協調しながら物事を進めたりしたいエミアブルのあなたにとっては、少し怖いイメージかもしれません。話しかけたら機嫌を損ねるかも……と必要以上に気をもんでしまうこともありそうです。

ですが、ドライバーは誰に対しても常にそのような姿勢です。あなただけが嫌われたり、厳しく当たられたりしているわけではありません。逆に、みけんにしわを寄せてい

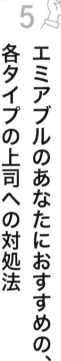

るようなイメージで孤立しがちなドライバーにとって、反発心の少ないエミアブルはよきサポーターになることも。

ねぎらいや感謝の言葉は少ないですが、そこに期待をせず、細かいところでサポートしていけば、よい部下として認めてもらいやすくなるはずです。

「アナリティカル上司」とは、自然体で接してOK

相手が何を考えているのか、どうしたいのかを敏感に感じて、協調して動いていくエミアブルのあなたにとって、気持ちや意見を積極的に出さないアナリティカル上司は何を考えているかわからず、不安にさせられることも。

しかし、アナリティカル上司にとっては、あなたに冷たくしているわけでも、手の内を見せたくないわけでもなく、ただ「物事をじっくり考えている」だけです。人間性や感情をもとに物事を判断することもありません。したがって必要以上に気をもむ必要はなく、自然体で接していればOK。怖くない、ということだけ覚えておきましょう。

「エクスプレッシブ上司」の無茶振りには断る勇気も持って！

エミアブルのあなたは聞き上手であるがゆえに、エクスプレッシブ上司にとっては話し相手になりやすかったり、頼みごとをしやすかったりする、ありがたい存在です。ゆえにエクスプレッシブ上司に嫌な思いをさせることは少なく、自分の理解者、右腕として認めてもらえることもありそうです。

ただし、仕事上でよい関係性を築くためには注意が必要。それは、あまりに同調しすぎて、あなたの都合を考えない無茶振りが出てくるということです。ときには自分の意見をハッキリ伝えることや、ムリなものはNOと言える勇気を持って接しましょう。そうしても普段良好な関係が築けているエクスプレッシブ上司からの評価が落ちることはないはずです。

「エミアブル上司」へは、ときには自分の意見も主張しよう

協調性を大切にするエミアブル同士は、お互いニコニコと穏やかに仕事を進めることができるはずです。チームの中にドライバーやエクスプレッシブなど自己主張の強いメンバーがいたとしても、エミアブル同士は通じるものがあり、よい関係を維持できます。

ですが、物事を決断したり、アイデアを出して議論したりすることはお互いに苦手。そのため、エミアブルだけで仕事を進めている場合、様子を見合っているうちに仕事が停滞してしまう可能性があります。黙っていても何も動いていかないので、ときには意見をしっかり伝えることや、「こうしませんか？」とエミアブル上司を促していくことも重要です。

6 ひとりの上司だけ見ず、徐々に周囲も見渡して

上司とソーシャルスタイルが違うだけで会社を辞めるのはもったいない

会社に入ったばかりの社員がすぐに辞めてしまう大きな理由のひとつに、「上司が合わなかった」というものがあります。そういうケースをよく見ると、直属の上司や先輩とその新人社員とのソーシャルスタイルが異なっていることがほとんどです。

実はさらに数年のキャリアを経ていくうちに、もっといろいろな上司や先輩と出会って、その中には自分の価値観や行動スタイルに合う人も出てくるはずなのですが、残念ながらそれに気づく前に辞めてしまうという人も多いのです。

この「勘違い離職」は、みなさんを一人前に育てようとする会社にとってだけでなく、みなさん自身のキャリア形成にとっても、不利になってしまう可能性があります。何か成果を残す前に「合わない」と決めつけてしまって、転職のときに辞めた理由を突っ込まれてモゴモゴ言うしかない……それはちょっと悲しいですよね。

ソーシャルスタイル理論の活用で離職率が減少した例も

ソーシャルスタイル理論がわかっている会社では、新入社員がドライバーなら同じドライバーの上司をメンターとしてあてがったり、同じスタイルの社員に職場のエスコートをしてもらったりすることもあります。こうすることによって、若手の離職率が格段に減少したケースもあります。

ただ、みなさんの職場がそうとは限りません。会社に入ったばかりで、直属の上司が自分のソーシャルスタイルと合わず、憂鬱な気分になってしまっている人も多いはずです。

そんなみなさんは、まず今の状況を乗り切るために、このソーシャルスタイルを使っていってください。苦手に感じる上司も、ソーシャルスタイルによってこのような言動をしているんだと思えば、少しは気楽になるはずです。

同じスタイルの先輩を探してみよう

そして、少し余裕が出てきたところで、社内を見渡してみましょう。別の部署の上司や先輩、取引先の上司などに、みなさんと同じスタイルの、背中を追える人がいるかもしれません。そういう人を見つけて近づいて、相談に乗ってもらうのも手です。

同じ組織や業界の中でみなさんより経験を積んでいる、同じスタイルの人なら、「あの人はこうだけど、こうすればいいよ」「ここではこうふるまえばいいよ」と共感してもらいながら、よいアドバイスをもらえる可能性は大ですよ。

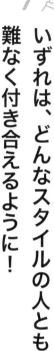

7 いずれは、どんなスタイルの人とも難なく付き合えるように！

同じタイプの人とだけ付き合っているほうがラクだけど……

みなさんにはまず、身近にいる苦手な上司や先輩とのコミュニケーションを克服するためにソーシャルスタイルという指標を使いこなしていってほしいと思います。でも、社会の中で「使える人間」になるためには、いずれはどんなソーシャルスタイルの人とでもスムーズに付き合える力を身につけることが必要です。

「類は友を呼ぶ」という言葉もありますが、人間は同じタイプの人と付き合っているほうがラクなものです。初対面の相手でも、出身地や出身校、趣味が同じだとわかると途端に親近感がわくような気がするのも、同じことです。人は「類似性」がある人とは、親密になりやすいものですよね。

ですから誰でも組織に長くいると、つい自分と同じスタイルの人とばかり付き合ってしまいがちになります。

違うタイプのメンバーがいないと組織はうまくいかない

でも、それでは組織や社会で役立つ人材として成長していくことは難しくなってしまいます。

たしかに何かプロジェクトを始動するときや、組織のスタートアップの時期などには、同じスタイルの人同士のほうが物事を一気に動かしていくことができます。仲間同士で意気投合して、「こうだよね」「そうだね、やろう!」と、みんなで同じ方向を向いて大きな物事を動かす力がつくれるからです。

ですが、スタートアップの時期が終わり、安定期に入ってくると、ボロが出てしまうことが多いのです。ドライバー同士やエクスプレッシブ同士で始めたものの、細かい部分がおろそかになってしまって、致命的なミスが続発する。アナリティカル同士やエミアブル同士で動かしたはいいけれど、その後に判断の遅れがコツコツ積み重なって、なかなかチャンスをつかめない。そんなふうにして、悲しくも早々に会社をたたむことになってしまうベンチャー企業も少なくありません。違うスタイルのメンバーを入れていたら、もっと違った結果になったかもしれないのに……。

「自分にないものを持っている人」の力を借りられるように

ですからもし、みなさん自身の成長や、組織でしっかり成果を出すことを目指すのであれば、あらゆるソーシャルスタイルの人と上手に付き合い、「自分にないものを持っている人」の力を借りていくということは、とても大切なのです。

ソーシャルスタイルが合わない人は、決して敵ではありません。明るい未来を信じたいみなさんにとっては、今後、協働していかなくてはならない仲間たちです。ゆっくりでOKですので、まずは身近な「自分とは違う人」とのコミュニケーションを大切にして、いずれは幅広くどんな人とも付き合えるコミュ力を持てるようにしていきましょう！

第4章

シチュエーション別！どんな上司にも合わせる技術

1 コミュニケーション力を磨いて、望む結果を手に入れよう

コミュ力を磨けば、自分が思うように周囲を動かせる

ソーシャルスタイルについて、みなさんもイメージがついてきたかと思います。上司がどのスタイルかを知ることで、仕事のやりとりの際にどのような言動をとればいいかがわかってきます。

ビジネスマンとしてもっと成長したい、もっと稼ぎたいと思うのであれば、コミュニケーション力を磨くことはとても大切です。どんな人とでも「合わせる」力があれば、それによって自分が思うように周囲を動かすこともできるようになっていきます。

誰とも人間関係を悪くせず、適材適所にお願いすることが得意な人は、実は自分が思うように周りを動かすことができてしまうのです。仕事で成果を出すことも、ビジネスマンとしての評価を上げることも、あらゆるスタイルの人に「合わせる」力さえあれば、とてもラクになっていきます。

何度も繰り返しますが、コミュニケーションというのはあくまでもスキルです。コミュニケーション力は個人の性格によって差が出るのではなく、磨き方によって差が出てくるものです。学べば学ぶほど、自分の仕事や人生の幅が広がっていき、終わりはありません。

自分を責めるのではなく、事象に目を向けよう

特に日本においては、ソーシャルスタイルの中でもエミアブルが多い社会になっているようです。とりわけ、リーダー的な役割を経験していない若手では、エミアブルの割合が圧倒的多数を占めています。

エミアブルの人たちは何か物事が動くときに、内省化をする傾向があります。職場でトラブルが起こったときに、事象に目を向けるよりも自分の考えや行動などに原因がないかと探る……みなさんの中にも、こういう人は多いのではないでしょうか。物事がうまく前に進まないと「自分のせいなのかな」とつい考えてしまう。みなさんはいかがですか?

でも、コミュニケーションの技術があれば、「あの人のコミュニケーションスタイルはこうだから」と相手を理解して事象のほうに目を向けることができるようになったり、人との軋轢によるストレスを減少させて「自分のせい」と思う機会を減らしたりすることができます。

さまざまな手法を学んでコミュ力を高めよう

ソーシャルスタイル理論はコミュニケーション力を身につけるための手段のひとつに過ぎません。コミュニケーションスキルを向上させる手段には他にも、アドラーのような心理学や、脳科学などさまざまなものがあります。その中で気になるものからピックアップして学んでいけば、必ずコミュニケーション力は磨くことができます。ぜひ、挑戦してみてください。

では、本書の最終章ではソーシャルスタイル理論を使ったコミュニケーションのとり方について、最後の仕上げをしていきます。職場のさまざまな場面で、ソーシャルスタイルを具体的にどのように活かしていけばいいのか？　なるべく「ありがち」な場面を想定して、使い方をお伝えしていきましょう。

2 上司のタイプ別「提出物の出し方」

タイプによって「好感度が上がる出し方」が違う！

報告書や企画書などの提出物。上司のソーシャルスタイルによって、実は「好感度が上がる出し方」に違いがあるのです。出し方や書き方を具体的にイメージしてみましょう。

①ドライバー上司の場合

「もっとも重要なのは結論」という思考のドライバーに対して、前置きが長かったり、目的から脱線した文言が並べられていたりする報告書はＮＧです。

一番嫌いなのは、「どうしましょうか」と相手に結論を委ねるような内容。「自分の意見はこうだ」というのがズバリ示されていないとイラ立たせてしまいます。

ドライバー上司への提出物は、結論から書き、「なぜなら、こうだからです」という合理性を示す内容を後に続けたら、もうそれで完成！　いかに短くできるかが勝負です。いちいち「〜です」など書かずに体言止めや箇条書きでも要点がわかればＯＫ。この内容で早く提出できれば、「できるメンバー！」と好感度が上がります。

【ポイント】
・なるべく1枚に簡潔にまとめる。
・結論から書き、目的に対して合理性があることを示しておく。
・スピード重視。

②アナリティカル上司の場合

アナリティカル上司には、結論を裏付けるための説得力あるデータをいかに出せるかが、好感度を上げるカギとなります。データに対して、細かく分析ができていればいるほど「やるな!」と思わせることができるので、表やグラフなども駆使しながらつくってみましょう。

ただ、提出物は細かい部分までじっくりチェックされるので、ミスがあったら命取り。提出する前に数字などはしっかりチェックしておいてください。

そして、そのデータを自分でしっかり理解しておくことも大事。「わかってないのに出したの?」と思われないように気をつけましょう。

【ポイント】
・目的と結論を最初に書く。
・結論にたどり着くまでに必要なデータを付け足す。
・数字の間違えなど細かい部分を必ずチェック。

③エクスプレッシブ上司の場合

ドライバーと同じく行動派のエクスプレッシブには、やはり結論をわかりやすく頭に持ってきて、早めに提出するのが正解。「こう考えたので、こういう結論になりました！」ということを短くまとめましょう。

ただ、感情も重視するタイプなので、自分の感想を入れてもOKです。「もっと成長したいと思っています」「この経験から○○についてもっと学びたいです」のような前向きな言葉があるとベストです。

また、頼られることを好む傾向があるため、「○○さんから勉強させていただいています」など相手への感謝を伝えると、より親近感がわいてきて、あなたを支援してくれるようになります。

分析を細かくしすぎて結論がハッキリしないような提出物だと、「長いだけで何も伝わってこない」と印象を悪くしてしまうので注意してください。

【ポイント】
・結論を先に、短めにまとめる。
・前向きな感情を込めた文言を。
・スピード重視。

④エミアブル上司の場合

人の感情に敏感なエミアブル上司には、「結論バーン！　その裏付けバーン！　以上！」……といったシンプルな提出物だと、「何か不満があるのだろうか」「面倒くさかったのだろうか……」といろいろ裏読みされてしまうことも。

丁寧にわかりやすく説明を書いておくことと、「この結論のためにこういうプロセスを踏みました」ということが示されていると、安心材料になります。

また、「この部分は苦労しました」「もっとこうすればよかったと思いました」など人間的な感想が書かれていると、心理的な距離を近く感じてもらうことができ、好印象になります。

【ポイント】
・目的と結論と、プロセスを丁寧に。
・自分の感想を盛り込んで。
・わかりやすい言葉で。

3 上司のタイプ別「メールの書き方」

基本は「いつまでに何をしてほしいのか」がわかるように

先ほどの提出物に似ていますが、メールで何かを報告・依頼するときに、どんな書き方が好まれるかについてもお伝えしておきます。

基本的には、どんなタイプの上司であっても、「いつまでに何をしてほしいのか」がわかりやすい文章にしておくことが鉄則です。上司への「報・連・相」はすべて、次の行動につなげるためのもの。上司がそれを踏まえて何をすればいいのかがわかるようにしておいてください。

以下にタイプ別の注意点と、文面例も示しますので、フォーマットとして活用してみてください。

①ドライバー上司の場合

ポイントは、結論から先に書き、簡潔にまとめるということです。重要事項が伝わればOKで、早く連絡するということが大切になります。感情表現はいっさい不要、短く済ませてください。タイトルも何の件か伝わりやすく端的に。

また、お願い事項がある場合は、期日も含めてわかりやすく簡潔に。何をすればいいのかが一目瞭然でわかる文面にしましょう。

【文例】
タイトル：受注書ご確認のお願い【明日まで】

○○部長

お疲れ様です。

本日の○○社との商談結果、来月5日に△△を5セット、50万円にて納品で決定です。

添付の受注書を明日の午前中までにご確認ください。

よろしくお願いいいたします。

②アナリティカル上司の場合

結論についてより細かく書き込むことや、具体的な数字をなるべく出すこと、何からの資料をつけることなどが好感度を上げるポイントとなります。いろいろな情報があると安心するタイプなので、参考になりそうなウェブサイトのURLをつけるなどでもいいでしょう。自分の解釈は不要です。

また、確認をお願いしたい書類があるときには、ミスがないか細かい部分まであらかじめ丁寧にチェックをしておきましょう。

【文例】

タイトル：○○社との商談報告・受注書ご確認のお願い

○○部長

お疲れ様です。

本日の○○社との商談では、来月5日に△△を5セット、50万円で納品することになりました。○○社では来月展示会に出展するため、5日までに△△が必要になるとのことです。展示会の資料も念のため添付しておきます。

受注書を添付しますので、明日の午前中までにご確認をお願いいたします。

また、納品に間に合うように、来週中に××社に発注をかけておきます。

よろしくお願いいたします。

③エクスプレッシブ上司の場合

要点を絞った短めの文章でいいのですが、最初に1行、気遣いのひと言を入れると親近感がわきます。また、前向きな感情を示すような文言や、「お手数ですが」「お忙しいところすみませんが」のような相手を気遣うような文言が入っていると好印象に。

物事を忘れやすいところがあるので、期日がある場合はタイトルなどで強調しておくとよいでしょう。

【文例】

タイトル：受注書ご確認をお願いします！【明日まで】

○○部長

お疲れ様です。今日は寒かったですが外回り大丈夫でしたか？

本日の○○社との商談では、来月5日に△△を5セット納品することになりました。いい返答をもらえて一安心です！

受注書を添付しますので、お手数ですが明日の午前中までにご確認ください。
また、納品に間に合うように、来週中に××社に発注をかけておきます。
よろしくお願いいたします。

④エミアブル上司の場合

相手への感謝やねぎらいの言葉を入れておくのがポイントです。全体的に、しっかり「ですます調」を使って丁寧な文章に見えるよう工夫しましょう。タイトルもやわらかめに。

個人プレイより協調性を重視するので、「アドバイスをください」など相手を立てつつ、人の意見に耳を傾けるような姿勢を見せると好感度が上がります。

【文例】
タイトル：○○社の受注書ご確認をお願いします

○○部長
お疲れ様です。

本日の○○社との商談では、来月5日に△△を5セット、50万円で納品することになりました。アドバイスいただいたおかげです、ありがとうございました。

受注書を添付しますので、お忙しいところすみませんが、明日の午前中までにご確認をお願いいたします。

また、納品に間に合うように、来週中に××社に発注をかけておきます。

次の受注も頑張りますので、またアドバイスをいただければ幸いです。

何卒よろしくお願いいたします。

4 上司のタイプ別「質問のしかた」

物事の「判断のしかた」が違うことに注意

上司に何か聞きたいとき、どのようなことに注意が必要となるでしょうか？　コツは、ソーシャルスタイルによって物事の「判断のしかた」が違うことを理解しておくことです。今度は注意点とともに、会話サンプルをお伝えしてみます。現場を想像しながら読んでみてください。

①ドライバー上司の場合

時間をとってもらったら、聞きたいことを簡潔に、即座に聞くこと。「あなたはどう考えているのか」と問われることも多いので、答えを簡潔に用意しておくとよいでしょう。重要点のみに絞って即座に判断したいのがドライバーなので、長々とした分析や、感情などは必要ありません。

また、ここで自分の意見がないまま質問を持っていくと、「考えてから来い」と撥ねつけられてしまうかも。判断は上司に委ねつつ、自分の意見もしっかりと持っておきましょう。ただし、自分の考えを長々と話すのは嫌がられますので要注意です。

【会話例】

あなた　質問があるのですが、今お時間いいですか？

上　司　いいよ。手短にね。

あなた　明日の○○社への提案はAプランでいきたいのですが、いいですか？

上　司　なぜAプラン？

あなた　金額面でAプランのほうが通りやすいと考えています。
上　司　じゃあそれでいこう。
あなた　ありがとうございました。

②アナリティカル上司の場合

さまざまなデータをしっかり見た上で自ら慎重に判断したいのがアナリティカル上司。質問するときには、答えを出すための材料となる、数字や過去の実績などが示されている資料を用意しておくとスムーズです。資料をつくる時間がなくても、回答する手がかりになりそうなデータをいくつか出せる状態にしておきましょう。

自分の意見があるときには、その根拠もきちんと示せる準備が必要です。質問にも下準備が必要と考えておいてください。

【会話例】
あなた　質問があるのですが、今お時間いいですか？

上　司　どうぞ。
あなた　明日の○○社への提案ですが、AプランとBプランではどちらがいいでしょうか？　Aプランなら金額面で通りやすいと思うのですが、Bプランはスピードの面で有利です。○○社は今コスト削減を重視しているので、Aプランのほうがいいと思うのですが。
上　司　資料ある？
あなた　こちらです。金額とスピードをそれぞれ数値比較してみました。それから○○社のこれまでの企画採用実績をまとめたものがこちらです。
上　司　確かに、これを見たらAプランがいいね。
あなた　そうですよね。ではAプランでいきます。ありがとうございました。

③エクスプレッシブ上司の場合

エクスプレッシブ上司の場合、頼られるのは好きなのですが、直感に頼って深く考えずに答えを出すこともあります。ですから、念のため手短に根拠を示したり、もう少し深く考えてもらうために少し突っ込んで確認したりすることも、ときには必要です。

ただし、話しているうちに言うことがコロコロ変わることもあるので、長話は無用。

また、やりとりの中でポジティブな感情を表す言葉を入れておくと、好感度が高まるでしょう。

【会話例】
あなた　質問があるのですが、今お時間いいですか？
上　司　どうぞー。何かな？
あなた　明日の○○社に提案するプランに迷ってしまっていて……。Aプランのほうが金銭面で通りやすいと思うんですが、ちょっと不安なんです。
上　司　それならAプランでいいんじゃない？
あなた　Bプランはスピード重視なんですが、○○社なら金銭面のほうが重視されると思うんです。背中を押していただけると嬉しいんですけど……。
上　司　うん、確かに○○社ならそうだね。Aプランでいこう！

あなた　ありがとうございました。全力でいってきます！

④エミアブル上司の場合

エミアブル上司は、自分ひとりで判断するのが苦手。周囲の人たちの意見を踏まえて判断していきます。そのため、質問するときに「自分や他の人がどう考えているか」などを伝えると、答えを出してもらいやすくなります。さらに自分がほしい答えに誘導することもできてしまいます。

ただ、本心を聞きたいときには、周りの意見に流されないように「みんながこう言っている」という言い方はやめましょう。ひとりで答えを出すのが苦手なので、「一緒に考えてください」という言い方をするのも手です。

【会話例】

あなた　お忙しいところすみません、今ちょっと大丈夫ですか？

上　司　うん、いいよ。

あなた　明日の○○社に提案するプランで迷っていて……。金銭面で通りやすそうなAプランと、スピード面で通りやすそうなBプランとがあるんです。○○社は今コスト削減を厳しくやっているので、私はAプランがいいと思うんですけど、一緒に考えていただいていいですか？

上　司　うーん……。

あなた　△△さんはBプランがいいっておっしゃってるんですけど、□□係長や××さんたちはAプランのほうがいいんじゃないかって言っていて。

上　司　それなら、Aプランのほうがいいのかもね。

あなた　じゃあ、やっぱりAプランにしますね。助かりました、ありがとうございました。

5 上司のタイプ別「プレゼンのしかた」

全タイプに共通！　資料の作り方の基本

企画などのプレゼンテーションをするときには、まず資料を用意しますよね。実はこの資料を作成する際には、ソーシャルスタイルを意識しなくても大丈夫です。なぜなら、通常、プレゼンは複数の上司の前で行うからです。同じ資料をさまざまなソーシャルスタイルの上司が見るわけですから、タイプ別につくり分けるわけにはいきません。

そこで全タイプに共通するプレゼン資料の作り方の基本を紹介しましょう。プレゼン資料は以下の構成でつくるのがおすすめです。

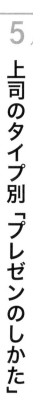

①プレゼンの目的
②結論
③なぜなら……という理由
④理由をさらに強固にするための情報があれば

このような構成の資料をつくっておけば、後はプレゼン本番での説明のしかたで、どのようなタイプの上司にも対応できます。

キーパーソンのタイプに合わせた説明を

そして、プレゼン本番で口頭で説明していくときには、最重要な上司を意識するようにしましょう。万人に向けて説明しようとすると、資料の頭から順番に話していくことになりますが、実はこれが失敗のもと！　プレゼン大会を勝ち抜きたいのであれば、キーパーソンに合わせた説明のしかたが重要なのです。

もし誰がキーパーソンかわからなければ、ドライバーに合わせるようにしてください。それは、物事を決めるリーダーにはドライバーが多いためです。

社内プレゼンが上達すれば、さまざまな仕事を任せてもらえるようになっていくはずですよ。

①ドライバー上司の場合

ドライバー上司に対しては、「ポイントは3つです」とシンプルに結論を裏づける要点だけ説明すればOKです。ポイントを3つにするのは、1つだけだと根拠が薄く、2つだとその2つの情報を対比して見てしまいがちになるため。3つあるとバランスがよくなるので、簡単に3つにまとめましょう。

結論にいたるまでの要点を伝えたら、細かい資料は「具体的には資料に示してあるのでお時間があれば見ておいてください」で切り上げてしまって大丈夫です。

【説明の手順】
①目的・結論からは鉄則！
②「ポイントは3つです」と結論にいたるまでの要点を説明。

②アナリティカル上司の場合

さまざまな情報を得た上で判断したいアナリティカル上司は、「なぜその結論が導き出されたのか」「どのような情報をもとに、その発想にいたったのか」を知りたがります。ですから、資料に載せたデータを補足するような情報も、具体的に付け加えて説明していくと好印象に。「これらのデータから考えて、この結論がベストだと考えました」と締めくくりましょう。

【説明の手順】
①目的と結論。
②結論にいたるまでのプロセスを説明。

③根拠となるデータなどの資料説明。

③エクスプレッシブ上司の場合

エクスプレッシブ上司へのプレゼンは「情熱」がキーワード。結論にいたった理由を論理的に説明していくよりも、「ここでチーム全員で知恵を出し合いました！」「○○さんの言葉をヒントに、みんなで頑張って調査していきました」など、熱意を持って頑張ったプロセスを説明していきましょう。

ひょっとしたら、結論を裏付けるデータが少なくても「そんなに頑張ったなら、やらせてあげたい！」と採用されるかもしれません。

【説明の手順】
①目的と結論。
②結論にいたるまでのプロセスで誰がどう考えたか、頑張ったか。

④エミアブル上司の場合

みんなの合意形成を大切にするエミアブル上司。みんなで力を合わせて頑張ったというプロセスを伝えるのに加えて、「みんながこの結論に賛成するはず」という裏付けを説明しておくと、すぐ採用されるはずです。

たとえば、「事前に部内の50人に意見を聞いたところ、47人がいいと言ってくれました」「この案だと、どのチームにとってもメリットがあることがわかりました」といったデータがあれば、最強です。

【説明の手順】
①目的と結論。
②結論にいたるまでのプロセスで誰がどう考えたか、頑張ったか。
③「多くの人が賛同している」「全員にとってメリットがある」という情報。

6 上司のタイプ別「LINE、チャットでのやりとり」

短めの文面のやりとりの中でも工夫できる

最近では企業によってLINEなどのメッセンジャーや、Slack、チャットワークなどのチャットツールを使ってやりとりをすることも多いと思います。

メールとは違って、短めの文面で伝えるのが基本のメッセンジャーやチャットツール。これも、相手のソーシャルスタイルによって使い方を工夫するのがおすすめです。

ここでは、上司に取り急ぎ確認事項があるときのシチュエーションで見ていきましょう。

①ドライバー上司

ドライバー上司にはひとつ目の送信から要点を伝えてください。「要件は何ですか」というやりとりをいちいちしたくないので、読んだらすぐに「イエス・ノー」などで答えられるメッセージにしましょう。ひとつの送信あたりの文字数はとにかく短めに。シンプル・イズ・ベストで、素っ気ないくらいで大丈夫です。

ただ、短めにと言っても「お疲れ様です」「明日のミーティングですが」など細切れにメッセージを送ると「一度に送ってくれ」とイラつかれてしまうかもしれませんので、注意してください。

【LINE例】
あなた　お疲れ様です。明日のミーティングですが、15時からで大丈夫ですか？
上　司　OKです。
あなた　承知しました。ではA会議室になります。よろしくお願いいたします。

②アナリティカル上司の場合

まず聞きたいことについて、理由も含めて伝えた後で、他の比較案も送信。情報を出したところで上司に結論を出してもらいます。

アナリティカル上司に対しては、少し文面が長くなってしまっても、根拠となる情報、参考になる情報などをできるだけ送っておくとよいでしょう。「挨拶や感想よりも、とにかくデータを送ってほしい！」というタイプなので、淡々と情報を送っていけばＯＫです。

【LINE例】

あなた　お疲れ様です。明日のミーティングについて、A会議室を押さえられる時間が15時以降となるため、15時からでいかがでしょうか。

あなた　B会議室なら12時以降空いているのですが、ホワイトボードがなく、少し狭いです。

上　司　広い会議室のほうがいいので、A会議室に15時でOKです。

あなた　承知しました。では押さえておきます。よろしくお願いいたします。

③エクスプレッシブ上司の場合

エクスプレッシブ上司には要点を伝える前にワンクッション、相手を気遣うようなひと言があると、以降テンポよくやりとりが進んでいきます。ちょこちょこと、自分の感想などを入れながらフレンドリーにやりとりを進めていきましょう。

基本的に上司に対してスタンプを送るのはNGなのですが、エクスプレッシブ上司に対しては、使うことで距離が縮まっていくこともあります。

【LINE例】

あなた　お疲れ様です！　今移動中でしょうか？　お忙しいところすみません！

上　司　お疲れ様！　大丈夫だよー。

あなた　明日のミーティングですが、15時からで大丈夫でしょうか？　ご都合が悪ければ夕方以降にしますが……。

上　司　15時からで大丈夫！　A会議室かな？
あなた　はい、A会議室をとります。あそこ広くて使いやすいですよね。
上　司　そうそう、B会議室だと狭いしホワイトボードもないしね～。会議室予約よろしくね！
あなた　承知しました！　では、これから○○社への訪問頑張ってください！
あなた　（スタンプ）
上　司　（スタンプ）

④エミアブル上司の場合

エミアブル上司とは、気遣い・ねぎらいの言葉を入れながら会話を進めていきましょう。急に判断を委ねられるのは苦手なので、他の人の状況や意見なども伝えながら話を前に進めてください。

短文のやりとりだと感情が見えにくく、エミアブル上司は特に相手の言葉を冷たく感じてしまうことも。そこで、「頑張ります」「嬉しいです」「よかったです」などの感情言葉を入れていくことで、気持ちをほぐしていくことができます。

【LINE例】

あなた　お疲れ様です。今移動中でしょうか？　お忙しいところすみません。

上　司　お疲れ様です。大丈夫ですよ。

あなた　明日のミーティングですが、15時からでいかがでしょうか？　ご都合が悪ければ夕方以降にしますが……。

上　司　○○さんや××さんの都合は大丈夫なの？

あなた　はい、みなさん空いているそうです。

上　司　それなら15時からにしましょう。

あなた　ありがとうございます。場所はA会議室になります。ミーティングでいい案が出せるよう頑張ります。

上　司　みんなで頑張りましょう！

あなた　お忙しいところ失礼しました。ありがとうございました。

7 上司のタイプ別「話の聞き方」

傾聴というスキルも身につけておこう

他者とのコミュニケーションをスムーズにするためには、傾聴というスキルも身につけておくと便利です。

傾聴とは、相手がどうしたいのか、何を考えているのかを聞きながら引き出してあげることです。言葉だけでなく、話すテンポやトーン、表情、しぐさなどからも相手の考えを引き出していくのが、傾聴というスキルです。

傾聴ができると、苦手な上司が本当は何を求めているのかがわかりやすくなりますし、さらに「きちんと話を受け止めてくれる部下」として好印象を持たれることになります。

傾聴には3つの段階がある

少し難しい話になりますが、コーチングの世界では、傾聴には次の3段階があるとされています。

①内的傾聴……話を聞きながらも、意識が自分のほうに向いている状態。
②集中的傾聴……相手の立場に立って話を聞いている状態。
③全方位傾聴……相手の立場に立って話を聞きながらも、周囲の状況や相手を取り巻く状況も意識している状態。

①の内的傾聴では、自分のほうに意識が向いていますから、相手の話を聞きながらも「でも私はこう思う」「それ、すごく好きです」など自分の考えや感情を挟みながら会話

が進んでいきます。

②の集中的傾聴では、相手の言葉や話すテンポやトーン、表情やしぐさからも相手の気持ちを読み解こうと耳を傾けています。相手に心地よさを与えながら話を聞き、より話を理解できるような聞き方となります。

③の全方位傾聴は、②のように相手の考えや感情をしっかり理解していくと同時に、さまざまな事象を踏まえて客観的に相手をとらえながら話を聞くことを言います。

全方位傾聴ができるようになれば問題解決力がアップする

この3段階のうち、③まで傾聴スキルを高めることができれば、相手の本音を引き出しながら、「ではどうしたらいいか」を広い視野で考えていくことができます。

人は話をするとき、「自分の気持ち」と「実際に起きている事象」をごちゃまぜにして話してしまいます。たとえば「今日、お客さんからこんなクレームが来て、すごく大変だった」というのも、クレームが入ったというのは事実ですが、大変だったというのは気持ちです。この、事象と心象を聞き分けることができると、相手の話の中から、問題解決や物事の進捗のために必要なことが何かがわかりやすくなっていきます。

つまり、全方位傾聴ができるようになれば、ビジネスパーソンとしてより力を発揮していくことができるのです。リーダーの立場になると、この力が求められていくようになります。

傾聴にもタイプ別のコツがある

と言っても、いきなり全方位傾聴を身につけるのは難しいので、まずは②の、集中的傾聴から練習していきましょう。相手の立場に立って話を聞くことで、本心を引き出していくこと。上司に対して集中的傾聴ができれば、「自分は何を求められているのか」もわかりやすくなっていきます。

では、ソーシャルスタイル別に、集中的傾聴をするときのポイントを押さえていきましょう。

①ドライバー上司の場合

ドライバー上司に対しては、「真剣に聞いています」という態度を見せることが重要です。特に、目線が相手を見ていなかったり、あちこち落ち着きなく動かしたりするのはNG。ぼーっと聞いているように見えると、「話しても通じない」と切り上げられてしまうかもしれません。

もとよりムダ話は嫌いなタイプですから、「きちんと聞いているな」と思うだけで、「こうしたい」と思うことを簡潔に伝えてくれるはずです。

また、要所要所で相づちはしっかり打つようにしましょう。「なるほど」「そうなんですね」などシンプルなもので大丈夫です。

【ポイント】
・相手の目を見る。
・姿勢をただす。少し前のめりになるくらいでもOK。
・要所要所で相づちをしっかり。

②アナリティカル上司の場合

アナリティカル上司は、自分が何をどう分析して、どういう結論にたどり着いたのかというプロセスを説明したがります。ちょっと話が長くて退屈に感じてしまうかもしれませんが……資料があればそれに目を落としながら話を聞いていきましょう。

持論をしっかり語りたいので、なるべく口を挟まないようにしましょう。相づちも頻繁に打つ必要はありませんし、頷く程度で大丈夫です。真剣に頭を働かせながら聞いているという姿勢でいれば、心地よく話をしてくれます。

【ポイント】
・資料に目を落としながら聞く。
・なるべく口を挟まない。
・相づちは少なくてOK。

③エクスプレッシブ上司の場合

感情表現豊かでノリのよいエクスプレッシブ上司の場合は、聞き手が頻繁に「すごい！」「面白いですね」などと相づちを打ってくれたり、笑ったり驚いたりしてくれるとどんどん「話したい欲」が加速していきます。

真剣に耳を傾けるというよりは、合いの手を入れながら相手をのせていく感じで、しっかりリアクションをとって話を引き出していきましょう。

ただし、のせればのせるほど話が脱線して長くなりがちな傾向があるので、ときどき「それで、さっきの○○についてはどうされるんですか？」など話を戻してあげる必要もあります。

【ポイント】

・頻繁に相づちを打つ。
・オーバーリアクション。
・話に合わせて笑うなど表情を変える。

④エミアブル上司の場合

聞き手や周囲の空気を読みながら自分の話をするのがエミアブル。自分ひとりに注目が集まることはちょっと苦手です。そのため、ものすごく前のめりな姿勢で聞かれたり、オーバーリアクションをとられたりすると話しづらくなってしまうことも。リラックスした態度で静かに聞くとよいでしょう。

ただし、目を見る、話に合わせて表情を変えるなどは必要です。ノーリアクションだと「つまらないのかな」「共感されていないのかな」などと考えてしまい、本心を話せなくなってしまいます。ほどよく興味を示しながら聞くようにしてください。

【ポイント】
・リアクションは小さくてOK。
・相手の目を見る。
・話に合わせて笑うなど表情を変える。

8 上司のタイプ別「報・連・相」

「いちいち聞くな」と「相談しろ」の板挟みに悩まないために

仕事においてとても重要なのがホウレンソウ、報（告）・連（絡）・相（談）です。みなさんも新人研修などで何度も言われたかもしれませんね。

仕事を進めるためには、リーダーである上司が全体を把握しておくために、部下との情報共有（連絡）は欠かせません。また、何か問題が発生したり、物事が動いたりしたときには報告することが必要です。方法に迷ったり、判断がつかなかったりしたときには、上司や周りに相談することで早く解決することができます。

この大切な報・連・相についても、上司のソーシャルスタイルによって「こうされると快適」というやり方があります。ぜひ押さえておいてください。

①ドライバー上司の場合

物事を合理的かつスピーディーに進めていきたいドライバー上司の場合は、細かく報告や連絡をすると「時間のムダ」と感じてしまうことも。「今日も予定どおり進みました」「○○さんがこんな情報を仕入れてきました」など、仕事の進捗に大きく影響しない内容の報告や連絡は、省略してＯＫです。

情報共有は本当に上司が知っておかなければいけないものだけに絞り、報告も物事が大きく進展したときや、問題が発生して目的からずれそうなときなどに限定してください。相談についても、本当にその上司の判断が必要なときにしましょう。

また、報・連・相をするときには、最初に「報告です」「相談です」と、何をしようとしているのかわかるように伝えてください。内容については、手短にまとめましょう。

【ポイント】
・報告、連絡は本当に必要なときだけ。
・相談はなるべく少なく。
・最初に「報告です」「連絡です」と告げる。

③アナリティカル上司の場合

計画どおりに物事を進めたいアナリティカル上司。プロジェクトを進める際にも、あらかじめキッチリと計画を立てているはずです。ですから、始動のときに「このタイミングで報告しますね」と決めておき、その通りに報告していくようにしましょう。

その際、チームの雰囲気や熱量など、人間的な部分についてはあまり興味がないので、「ここまで完了です」など事実のみを淡々と報告すればＯＫです。

プロジェクト進行中には、新しく得た情報をなるべく共有するようにしましょう。必要な情報の集め方に迷ったときなどには、相談すると「任せろ」とばかりに教えてくれるはずです。

【ポイント】
・決められたタイミングできちんと報告。
・集まった情報はきちんと共有。
・情報収集については相談。

③エクスプレッシブ上司

緻密な計画を立てて、その通りに物事を動かす……というのはエクスプレッシブ上司の苦手とするところ。どんどん行動して勢いで物事を動かすタイプなので、細かい報告や連絡は不要です。「中間地点で1回報告しますね～」くらいで大丈夫でしょう。

報告の内容も、うまくいっているのか遅れているのかなど、ざっくりでかまいません。ただ、プロジェクトを進めるにあたって追い風となるようなことが起きたときや、思いのほか前進があったときなど、ポジティブな変化があれば報告しておきましょう。モチベーションが上がり、「じゃあここは私がやっておく！」など行動力も加速していきます。

また、「こんなことで他のメンバーとぶつかってしまって」などの相談も、「頼られている」と感じて一肌脱いでくれるはずです。

【ポイント】
・細かい報告や連絡は不要。
・中間地点で1回報告。
・ポジティブ報告や相談はすぐに。

④エミアブル上司の場合

エミアブル上司に対しては、報告と連絡はマメに行うようにしてください。小さな単位で「現状こうなっています」と伝えてもらうことで安心感を得られるからです。小さなことでも「自分が知らないところでどうなっているのか」と心配することがあるので、マメさが重要です。

仕事が滞りなく進んでいるという報告については、特に意識しましょう。報告さえしてくれれば、部下やチームメンバーへの信頼度が高まり、安心して仕事を任せていくことができるようになります。

相談することがある場合には、「どうしたらいいかみんなで考えたいのですが」「一緒に考えてもらっていいですか」と、ひとりで判断してもらうのではなく、みんなの合意形成で決めるという形をとってください。そうすれば、判断が遅れて計画も遅れていく……ということを防げます。

【ポイント】
・報告はマメに。
・いい報告は特に積極的に。
・相談は合意形成を意識して。

9 上司のタイプ別「オンライン会議、面談」

オンライン会議は時間厳守で、積極的に発言するのが基本

最近では、ＺｏｏｍやＳｋｙｐｅ、マイクロソフトチームスなどのオンライン会議ツールを使ってミーティングや面談をすることも増えてきました。

対面でのコミュニケーションと違って、画面を通じてしか相手が見られないオンライン会議ツールでは、普段以上に注意しなくてはいけないこともあります。

基本的に気をつけるべきことは、まず、時間前には必ず入室しておくことと、存在感を出すことです。

遅れている人がいると、すでにログインしている人は画面の前でじっと待っていなくてはなりません。特にドライバーは時間ぴったりに始めることを重視するので、オンラインに慣れていない人などは早めに準備をするようにしましょう。

また、複数の人が参加するオンライン会議では、発言をしないと参加メンバーの画面に映ることすらできないということもあります。「あれ、いたっけ?」とならないよう、何回かは発言するようにしましょう。

また、会議の進行を任されていた場合には、時間になったらきちんと「始めます」と声をかけることや、終了時間を決めて伝えておくようにしましょう。最初に「今日はこういう流れで進めて、何時には終わらせます」と説明しておくとベストです。上司とのオンラインでのやりとりは、自宅という空間に上司がいるような感覚になったり、いつも以上に気を遣わなくてはならなかったりと、ストレスが溜まってしまうものです。だらだら続けずに、時間が来たらサクッと終了できればいいですよね。

タイプに合わせてツールの機能も活用しよう

こうした基本的な注意点に加えて、オンラインでのコミュニケーションについても、上司のソーシャルスタイルによって意識しておくとよいポイントがいくつかあります。簡単に説明しておきましょう。

①ドライバー上司の場合

そもそも会議や面談で、だらだらと話すのは嫌いなドライバー。オンラインの場合は余計に手短に済ませたくなるものなので、雑談は避けましょう。自分が話すときには、要点を絞って手短に。

誰かの話に頻繁に相づちを打つ必要もありません。話している人が話し終わるまでミュートにして聞いていましょう。

オンライン会議中に誰がどんな表情をしているかには興味がありませんので、無表情・ノーリアクションで聞いていてＯＫです。

②アナリティカル上司の場合

アナリティカル上司に何かを伝えたいときには、画面共有でデータを示しながら説明するようにしましょう。後からその資料やウェブサイトのＵＲＬを送っておくとベストです。

会議中、誰かの発言に対して補足するような情報があれば、オンライン会議ツールの中で使えるチャットなどを使って「こんな資料があります」「このサイトが参考になります」などコメントを入れていくと、「できるヤツ」と好感度が上がっていくでしょう。

③エクスプレッシブ上司の場合

対面よりもリアクションが伝わりにくいからこそ、オンラインでのやりとりではいつも以上にオーバーリアクションを心がけましょう。主に顔しか写っていないので、笑う、驚くなどの表情づくりは大切です。

誰かの話に対して、チャットを使って「それ面白いですね！」「すごくいいと思います！」などの合いの手を入れていくのも、好印象を持たれやすくなるでしょう。

背景を変える機能を使って、おしゃれな風景や面白い写真を背景にしておくと、「それいいいね！」と最初から話が盛り上がるフックになることもありそうです。

④エミアブル上司の場合

エミアブルの場合は普段から積極的に発言するタイプではないため、自己主張が強い人が画面に映る時間をキープしてしまうオンライン会議では、リーダーの立場でありながらも存在感が薄れていきがちです。そんなときには、ときどき「〇〇部長はどう思います？」「〇〇チーフ、今の意見で大丈夫ですか？」など話を振って出番を増やしてあげましょう。

また、画面越しのやりとりでは感情がなかなか伝わりにくいことがあるので、エミアブル上司と面談をするときには無表情を避けて、なるべく笑顔で頷くなどのリアクションをしましょう。

10 飲み会、食事会のときにはどうする？①

飲み会もれっきとした仕事のひとつ

ここまで職場でのさまざまなシチュエーションを想定して、上司とのコミュニケーションのとり方を解説してきました。でも、オフィス外での上司との付き合いもありますよね。……そう、飲み会です。

最近では「会社の飲み会にはあまり参加したくない」という人も多いかもしれません。しかし、ビジネスパーソンにとっては飲み会というのも、実は重要な仕事のひとつだったりします。

部署やプロジェクトチームでの飲み会、食事会がなぜ行われるかというと、チームビルディングの上では、互いにコミュニケーションをとりやすくしておくということが重要だからです。仕事の場面だけではどうしても足りないコミュニケーション量を、飲み会や食事会など懇親の場を設けることで補っていく。それによって、仕事がスムーズに運ぶようになったり、新しいアイデアが出やすくなったりするわけです。ゆえに、飲み会というのもれっきとした仕事のひとつなのです。

ですから、みなさんも「仕事で成果を出す」という目的の一環として、飲み会に参加することにメリットはある、というふうに考えておいてください。

自分のソーシャルスタイルを活かした行動で、上司からの評価を上げよう

さて、そんな飲み会や食事会に参加するときに重要になってくるのが、自分のポジションどりです。その場でどう動くかによって、上司からの評価も変わってきます。重要な仕事を任せても大丈夫そうなのか、リーダーとしての素質があるのかなど、上司はみな

さんの行動を見ています。

と言っても、ムリにここで「できる人」アピールをする必要はありません。飲み会の目的は、互いの距離を近づけて組織内でコミュニケーションをとりやすい状態にすることです。ムリしてキャラをつくってコミュニケーションを深めても、あとあとキツくなってしまいますから、自分のソーシャルスタイルなりに行動すればＯＫです。

たとえば、ドライバーの人であれば、幹事を引き受けて素早く場をセッティングし、飲み会の終了時間にキッチリ終わるようにする。

アナリティカルであれば、いろいろな人の話を積極的に聞いて情報を蓄積する。

エクスプレッシブはいつものノリで、盛り上げ役を頑張りましょう。

エミアブルは周囲に細かく気を回して注文を頼んだり、食べ物をとり分けたりできるところや、人の話に丁寧に相づちが打てるところなどが好印象につながっていきます。

11 飲み会、食事会のときにはどうする？②

上司のタイプに合わせて心地よい空間をつくろう

職場の飲み会では、キーパーソンとなる上司に対して心地よい空間をつくることで、株を上げることも可能です。最近ではオンライン飲み会も多いので、それも含めてどう行動すればいいいかは、次の通りです。

①ドライバー上司の場合

上司がドライバーなら、時間どおりにきちんと着席をして、だらだら飲み続けるのではなく予定された終了時間に解散できるよう、意識しておくこと。特に、オンライン飲み会の場合は「いつまで経っても終わらない」ことに多くの人が不満を持っています。これはドライバーならなおさらです。時間になってもだらだら続きそうなら、「そろそろ時間ですね、今日はありがとうございました」など場を閉めるほうに誘導していきましょう。

②アナリティカル上司の場合

アナリティカル上司に対しては、会話の中で仕事に関わるさまざまな情報を話せるようにネタを仕込んでおくとよいでしょう。

また、その上司の趣味がわかれば、「興味があるので詳しく教えてください」と話を向ければ、気持ちよく饒舌に話してくれて、心を開いてくれるかもしれません。オンライン飲み会の場合は上司の話を踏まえてその場でネット検索しながら「こんな情報もありますね」と話を膨らませていく手もあります。

③エクスプレッシブ上司の場合

上司がエクスプレッシブなら、ノリを重視しましょう。「楽しんでます！」という姿勢を見せておけば大丈夫です。

特にオンラインの場合は、どうしても「賑やかさ」が足りないので、相手の話に少しオーバーめにリアクションをするとよいでしょう。

④エミアブル上司の場合

エミアブル上司の場合は、目立たず静かに周囲の人の世話を焼くというポジションが固定化してしまっているかもしれません。その場合には「すみません、気がつかなくて！」「いつも気を配っていただいてありがとうございます」など、気遣いや感謝の言葉をなるべくかけるようにしましょう。

また、発言が控えめなエミアブル上司は、オンライン飲み会では画面の中で存在感を消しているかもしれません。そんなときには時折、「○○さんはどうですか?」「○○部長にもアドバイスをいただきたいんですけど」と話を振ってあげてください。他のソーシャルスタイルのリーダーたちに比べて派手で注目を浴びるリーダーではないからこそ、「注目してくれている」「自分のことを頼れるリーダーとして見てくれている」と感じると嬉しくなるものです。

飲み会、食事会の場でも、こうして上司に気持ちよく参加してもらうことで、「できるヤツ」「気が利く部下」「使える！」と評価が上がり、職場内でも一目置かれていくようになっていくはずです。

12

上司を味方につけて、成果を上げていこう！

タイプによって上司が部下に求めるものは違う

さて、これでシチュエーション別の解説も終わりです。これで、上司のソーシャルスタイルに合わせてどのように行動していくとよいか、より細かくイメージがつかめたでしょうか。後は日々のさまざまな場面で、これを応用してみてください。

もう一度おさらいをしますが、ソーシャルスタイルは、「物事をどう判断するか」「感情をどう表すか」という2つの大きな軸をもとに分類されています。自分自身の考えで物事をパッと決めていくのか、さまざまな情報や他人の意見を参考にしながら決めていくのか。感情表現を豊かに表すタイプなのか、控えめなタイプなのか。これによってドライバー（行動派）、アナリティカル（思考派）、エクスプレッシブ（感覚派）、エミアブル（協調派）の4つに分類されているのが、ソーシャルスタイルです。

そして、このソーシャルスタイルによって、「周りがどう動いてくれると心地よいのか」もそれぞれ違います。ビジネスの場面においては、「部下、後輩たちがどう動いてくれたら自分が判断・行動しやすくなるのか」「どんな部下に対して好感度が高くなるのか」が違ってきます。

コミュニケーションが欠かせない時代になってきた

仕事を前に進めて、チームで成果を出すためには、リーダーがスムーズに判断・行動できる環境をつくることはとても重要です。また、自分が職場で信頼され、責任ある仕事を任されていくためには、上司から認められることが必要です。

つまり、ソーシャルスタイルを理解し、上司に合わせてコミュニケーションをとることができれば、仕事の成果は上がり、自分のキャリアにもつながっていくことになるのです。

それどころか、コミュニケーションスキルが上達していけば、上司に自分の意見を通してもらうことや、上司に快く行動してもらうこともできるようになっていきます。

これからの時代は、多くの仕事がＩＴやＡＩの技術に置き換えられていきますし、旧態依然とした大手企業が生き残れなくなっていったり、めまぐるしい変化についていけない企業がすぐに淘汰されたりといった状態がますます加速していきます。その中で、「会社に入れさえすれば安泰」という考え方は、もう通用しなくなっていくでしょう。自分の持ち味を活かしていくには、いかにキーパーソンに好印象を与えられるか、いかに多くの人とつながっていけるか、いかに周りの人たちを動かしていけるかといった、コミュニケーションが欠かせなくなっていきます。

どんな場所でも生き残れる強いビジネスパーソンになるために

コミュニケーションは「スキル」ですから、みなさんはこれからいくらでもそのスキルを磨いていくことが可能です。スキルアップは学校などの勉強と同じで、意識して量をこなしていくことさえできれば、ぐんぐん上達していきます。まずは怖じ気づかずに、どんどん量をこなしていってください。

量がこなせるようになったら、「あれは失敗だったな」「あの場面ではもう少しこうしたほうがよかったかも」と、経験を踏まえて質を高めていくことができるようになっていきます。これも勉強と同じですね。うまくいかなければ、角度を変えてみたり、なぜ失敗したか分析して、やり方を調整していけばよいのです。

今はまだ、「本当にどんな上司とでもうまくいくのかなぁ」と不安かもしれません。でも、量をこなして経験を積んでいけば、必ずスキルアップは可能です。スキルアップするための武器のひとつとして、ソーシャルスタイル理論というものをみなさんは手にしました。まずはこの武器を使って、試していきましょう。武器も、繰り返し使っていくことで、だんだん要領よく使えるようになっていくはずです。

とにかく、チャレンジし続けること！　みなさんが5年後10年後に、どんな場所でも生き残れる強いビジネスパーソンになっていることを、祈ります！

おわりに

対話から生まれる価値は無限大

最後までお読みいただき、ありがとうございます。心から感謝いたします。

若手の方々が社会に出て、最初に悩むだろう人間関係の相手は上司。親世代とのコミュニケーションに悩みを抱えてしまう状態から、少しでもラクになり、仕事がスムーズに進められ、それにより成果も上がり、楽しく社会人生活を過ごしてほしい。そんな願いから本書ができあがりました。

上司との仕事の進め方がスムーズになれば、本人にとって、上司にとって、会社にとって、そして社会にとって、よい影響を及ぼすことは間違いありません。本書には、私が学んできたコミュニケーションスキルと、新人を育ててきた実践現場からのメッセージを込めさせていただきました。

私自身、18歳で社会に出てから40年あまり、社会人として成果を残してこられたのは、コミュニケーション力のおかげと言っても過言ではありません。対話から生まれる価値は無限大です。

SNSなどが登場し、コミュニケーションの手法が変わっても、相手の性格が変わることはなく、根本的なコミュニケーションの内容も変わるものではありません。ソーシャルスタイルは、どんな手法の中でも使える「タイプ論」です。

コミュニケーション力は磨けば磨くほど身につきます。そのコミュニケーションのノウハウのひとつとして、ソーシャルスタイル理論を頭の片隅に入れていただき、仕事場面で活用していただければとても嬉しく思います。

親子で読んで役立ててほしい

本書は本来、若者向けの内容として書き上げました。ただ、読んでみると母親のみなさんにも読んでもらいたい内容になりました。私自身が母親であり、息子の苦しそうな状況を見かねたことから生まれた本だからかもしれません。

子どもたちが社会で何に対峙しているのか？

上司とのコミュニケーションや仕事の進め方について理解できれば、親子の会話の質も変わると思います。食事のときの家族の会話にも、ソーシャルスタイルが共通用語になる時代が来るのではないかと思っています。

本書もまたコミュニケーションの賜物

最後になりますが、コロナ禍において、本書を無事に出版できたことに心から感謝しています。思えば新型コロナウイルス感染拡大・第1波の緊急事態宣言の最中に企画が決まり、構想を形にするまで約10か月の間、社会環境の変化はとても大きく、コミュニケーションの方法にも変化がありました。そんな中でもこうして形にできたのは、まさに関係者各位とのコミュニケーションの賜物だったと思っています。

株式会社秀和システムの担当編集者と、執筆を手伝っていただいた大西桃子さんとの出会いにも心から感謝しています。お2人のご尽力があってこそ、みなさまに本を手にしていただくことが叶いました。そして、監修をしてくださった株式会社レイルの須古勝志さん、企画を共に育ててくださいました飯田伸一さんにもお礼申し上げます。

本書の完成はコロナ禍での奇跡でした。私の強い思いを形にしてくださったみなさまに、そして読者のみなさまに心からお礼申し上げます。

2021年4月

斉藤由美子

無料
特典告知

本書をご覧いただいた方に
無料特典をお届けします

ソーシャルタイプ・シーン別の活用術

1）営業シーン別のアプローチ方法
2）恋愛シーンでの相手を気持ちよくさせるコミュニケーション術

特典内容のお申込みはこちらから

▼

最後までお読みいただきありがとうございます。
本書を通して何か発見はありましたか？
是非、感想を聞かせてください。
いただいた感想は著者が拝読いたします。

※本特典は著者が独自に提供するものであり、出版元はいっさい関知いたしません。
あらかじめご了承ください。

■著者プロフィール

斉藤由美子（さいとう・ゆみこ）

◎株式会社シーウインプロ　代表取締役

◎ふくキャリスクール代表。国家資格キャリアコンサルタント、CPCCプロコーチ、HRプロファイラー、WDプラクティショナー。

◎都立高校卒業後、株式会社リクルートに入社し、人事教育事業部門に配属。その後、同事業部門の分社化に伴い、現リクルートマネジメントソリューションズに転籍。28年間のリクルートグループ在籍時は一貫して人材ビジネスに従事する。リクルートグループ卒業後は中小企業やIPOを目指すベンチャー企業の事業部長なども経験。49歳のときに株式会社シーウインプロを設立。2人の子どもを育て上げたシングルマザーでもある。

■第2章・第3章監修：株式会社レイル　須古勝志
■カバーデザイン：大場君人

ソーシャルスタイル理論《りろん》でわかった！
10万人《まんにん》のデータから導《みちび》き出《だ》した
上司《じょうし》へのすごい伝《つた》え方《かた》

発行日　2021年　4月23日　第1版第1刷

著　者　斉藤《さいとう》　由美子《ゆみこ》

発行者　斉藤　和邦
発行所　株式会社　秀和システム
〒135-0016
東京都江東区東陽2-4-2　新宮ビル2F
Tel 03-6264-3105（販売）Fax 03-6264-3094
印刷所　図書印刷株式会社　Printed in Japan

ISBN978-4-7980-6447-5 C0034